"

독자의 1초를 아껴주는 정성!

세상이 아무리 바쁘게 돌아가더라도
책까지 아무렇게나 빨리 만들 수는 없습니다.
인스턴트 식품 같은 책보다는
오래 익힌 술이나 장맛이 밴 책을 만들고 싶습니다.

길벗이지톡은 독자 여러분이 우리를 믿는다고 할 때 가장 행복합니다.
나를 아껴주는 어학 도서, 길벗이지톡의 책을 만나보십시오.

땀 흘리며 일하는 당신을 위해
한 권 한 권 마음을 다해 만들겠습니다.
마지막 페이지에서 만날 새로운 당신을 위해
더 나은 길을 준비하겠습니다.

독자의 1초를 아껴주는 정성을 만나보십시오.

"

여행 일본어 무작정 따라하기

The Cakewalk Series-TRAVEL JAPANESE

초판 발행 · 2023년 9월 30일
초판 3쇄 발행 · 2024년 1월 15일

지은이 · 센님(정세영)
발행인 · 이종원
발행처 · (주) 도서출판 길벗
브랜드 · 길벗이지톡
출판사 등록일 · 1990년 12월 24일
주소 · 서울시 마포구 월드컵로 10길 56(서교동)
대표전화 · 02) 332-0931 | **팩스** · 02)323-0586
홈페이지 · www.gilbut.co.kr | **이메일** · eztok@gilbut.co.kr

기획 및 책임편집 · 박정현(bonbon@gilbut.co.kr) | **표지 디자인** · 강은경 | **제작** · 이준호, 이진혁, 김우식
마케팅 · 이수미, 장봉석, 최소영 | **영업관리** · 김명자, 심선숙 | **독자지원** · 윤정아, 전희수

교정교열 · 김혜숙 | **일본어 감수** · SUGAWARA SHIHOMI | **본문 디자인** · 박수연 | **전산편집** · 도설아
녹음 및 편집 · 와이알미디어 | **인쇄** · 금강인쇄 | **제본** · 금강인쇄

ISBN 979-11-407-0606-8 03730 (길벗 도서번호 301164)
정가 14,000원

Japanese

여행 일본어

❶ 미리 보는 책

2주만 준비해도 다 통한다!

미리 보는 실제 상황으로

더 완벽한 여행을 준비한다!

센님(정세영) 지음

작가의 말

200% 더 즐거운 여행을 위해

덕질로 시작한 일본어 공부

안녕하세요! 일본어와 일본 문화를 소개하는 유튜버 센님, 정세영이라고 합니다. 저는 일본 애니메이션을 좋아해서 자연스럽게 일본어를 접하게 되었는데요. 코로나19로 인해 집에 있는 시간이 길어졌을 때, 이 시기를 조금 더 가치 있게 보내고 싶어서 본격적으로 독학 일본어 회화 공부를 시작하게 됐어요. 그러다 문득 저처럼 학원이나 유학을 가지 않고도 혼자 공부를 하는 방식이 있다는 걸 알리고 싶은 마음에 유튜브를 시작하게 됐습니다. 좋아하는 것을 조금 더 즐겁게 즐기려고 노력하는 것을 알아주신 분들 덕분에, 지금은 15만 명이 구독하는 유튜브 채널이 되었네요. 그렇게 덕질로 시작한 일본어 공부 덕에 일본 방송국에 리포터로 출연하고, 일본어 강의를 찍고, 일본에서 한국어 강사를 하고 있습니다.

같은 경치를 보여주고 싶어서

일본어를 공부하기 전에 후쿠오카를 다녀온 적이 있는데요. 할 수 있는 말이라곤 "감사합니다."와 "화장실 어디예요?"밖에 없었지만 즐거웠어요. 하지만 일본어 공부를 한 뒤, 3년 만에 간 일본은 전혀 다른 곳이었습니다. 남들 다 가는 뻔한 루트가 아닌 일본의 현지 생활을 더 깊게 느낄 수 있는 대학교 축제에 가거나, 포장마차와 이자카야에 가서 현지인들과 친구가 되는 등의 경험을 하니, 여행의 만족도가 200% 이상 올라가더라고요. 그리고 이 일을 통해 제 인생은 180도 변했어요. 삶이 이렇게 재밌을 수 있다는 걸 알게 되었거든요. 언어 하나만으로 같은 여행지에서 이렇게나 다른 경험을 할 수 있기에, 여러분에게도 같은 경치를 보여주고 싶어서 이 책을 만들게 되었습니다.

직접 부딪히며 배운 일본어, 일본 문화

그 후 도쿄, 후쿠오카, 오사카, 삿포로 등 일본의 여러 도시를 여행했는데요. 같은 일본이지만 각 지역마다 조금씩 다른 문화들이 눈에 보이기 시작하면서 여행이 더 재밌어지더라고요. 현지에서 직접 부딪히며 여행하는 사이에 작은 꿀팁과 정보가 차곡차곡 쌓이게 되었습니다. 또 여러 지역을 여행하면서 지역마다, 성별마다, 나이마다 사용하는 표현들도 조금씩 다르다는 것도 알게 됐어요. 그래서 교과서적인 딱딱한 표현이 아닌, 실제로 사용하고 모두가 쓸 수 있는 자연스러운 표현을 배울 수 있었어요.

이런 마음을 담아

저는 현재 오사카에 살며 매일매일 여행 같은 일상을 보내고 있습니다. 그래서 책에 제가 일본에서 생활하면서, 여행하면서 얻은 생생한 일본어와 여행 정보를 담을 수 있었습니다. 간판, 표지판, 실제로 주고받는 표현을 배울 수 있고, 책 구석구석에 넣어둔 작지만 소중한 여행 팁도 얻을 수 있을 거예요. 여러분의 여행이 더욱 즐겁고, 다채로워질 수 있게끔, 언어가 여행을 방해하는 장벽이 되지 않게끔요. 이 책이 있다면 지금까지와는 다른 여행을 하실 수 있을 거예요.

우리 함께 일본에서 즐거운 추억을 만들어봐요!

센님, 정세영

여행 일본어 무작정 따라하기 일러두기

01 미리 보는 책

여행 일본어를 미리 학습해 보고 싶은 분께 추천합니다. 실제 상황을 고려해 더욱 풍성한 표현을 배울 수 있습니다. 2주일 코스로 공부해 보세요. 당신의 여행이 달라집니다.

출국부터 귀국까지!

공항-교통-숙소-길거리-식당-이자카야-쇼핑-관광지-위급 상황별로 꼭 필요한 핵심표현만 담았습니다.

24개 패턴으로 빈틈없이!

최소한의 패턴으로도 여행 중 할 수 있는 거의 모든 말을 할 수 있습니다!

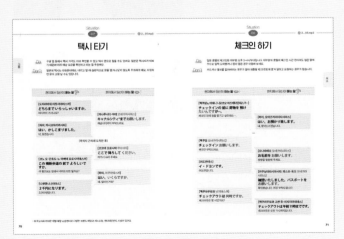

40개 상황으로 든든하게!

앞에서 학습한 패턴을 실제 상황에서 어떻게 쓰는지 상황별로 연습합니다.

실제로 주고받는 표현들을 정리!

내가 하는 말뿐만 아니라, 듣는 말까지 담아 입체적인 학습이 가능합니다.

02 가서 보는 책

공항에서, 숙소에서, 이자카야에서 언제 어디서나 참고할 수 있는 활용편입니다. 필요한 정보만 쏙쏙 골라 담아, 여행 내내 유용하게 활용할 수 있습니다.

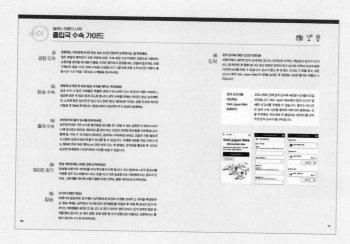

**해외여행이
처음이라도
걱정마세요!**

여행할 때 꼭 알아야 할 주
의 사항과 입국 시 필요한
사항을 정리했습니다.

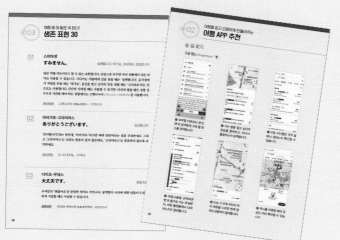

**꼭 쓰게 되는
생존 표현 30개!**

필수 표현 30개를 엄선하
여 일목요연하게 정리했
습니다.

**여행을 편리하게
해주는 APP 소개!**

여행할 때 유용한 애플리
케이션과 활용법을 소개
합니다.

모든 상황이 한 권에!

 공항   교통   숙소   길거리   식당   이자카야   쇼핑   관광지   위급

표지판

상황에 따라 꼭 알아야 하는 '표지판 일본어'를 확인합니다.

핵심 표현

장소별로 핵심 문장이 모여 있어, 바로 찾아서 말할 수 있습니다.

숫자 읽는 법

숫자, 날짜, 시간 관련 표현을 정리했습니다.

상황별 단어

각 상황별 핵심 단어를 가나다 순으로 정리했습니다.

목차

PART 2

실전에서는 이렇게 쓰자! 실제 상황 40

PART 1

이것만은 알고 가자! 핵심 패턴 24

MP3 듣기

ありますか。

있나요?

가장 기본적이고 많이 쓰는 패턴입니다. 주로 물건을 찾을 때 사용하고, 장소와 시간을 물을 때에도 사용할 수 있습니다. 이때 주의할 점은 인간, 동물 등 살아있는 것이 있다고 말하는 경우에는 います[이마스]로 바뀌고, 공손하게 말할 때는 ございます[고자이마스]로 바뀐다는 점입니다. 자주 쓰이고, 많이 헷갈리는 부분이라서 외워 두는 것을 추천합니다.

01	공항버스 정류장은 어디에 있나요?	空港バスの 乗り場は どこに ありますか。 [쿠-코-바스노 노리바와 도코니 아리마스까]
02	출발 게이트는 어디에 있나요?	出発 ゲートは どこに ありますか。 [슛파츠 게-토와 도코니 아리마스까]
03	카트는 어디에 있나요?	カートは どこに ありますか。 [카-토와 도코니 아리마스까]
04	전철 역은 어디에 있나요?	電車の 駅は どこに ありますか。 [덴샤노 에키와 도코니 아리마스까]
05	막차는 몇 시에 있나요?	終電は 何時に ありますか。 [슈뎅와 난지니 아리마스까]
06	호텔 안에 자판기가 있나요?	ホテルの 中に 自販機は ありますか。 [호테루노 나카니 지한키와 아리마스까]
07	방에 어메니티*가 있나요?	部屋に アメニティーは ありますか。 [헤야니 아메니티와 아리마스까]

* 어메니티란 호텔에서 제공하는 욕실용품을 말합니다. 보통 칫솔 세트, 빗, 면봉, 면도기, 화장솜 등이 있어요. 최근에는 환경 문제를 개선하기 위해 방에 놔두지 않고 로비에서 가져가는 형식으로 바뀐 호텔들이 많아요.

공항 교통 숙소 길거리 식당 이자카야 쇼핑 관광지 위급

위치를 물을 때

A : コインランドリーは ありますか。[코인란도리와 아리마스까]　　　코인세탁기 있나요?

B : はい、2階に ございます。[하이, 니카이니 고자이마스]　　　네, 2층에 있습니다.

08	(휴대폰을 보여주며) 이 가게는 어디에 있나요?	この お店は どこに ありますか。 [코노 오미세와 도코니 아리마스까]
09	화장실은 어디에 있나요?	トイレは どこに ありますか。 [토이레와 도코니 아리마스까]
10	추천(메뉴)은 있나요?	おすすめは ありますか。 [오스스메와 아리마스까]
11	일본주는 뭐가 있나요?	日本酒は なにが ありますか。 [니혼슈와 나니가 아리마스까]
12	다른 사이즈가 있나요?	他の サイズは ありますか。 [호카노 사이즈와 아리마스까]
13	분실물 센터는 어디에 있나요?	お忘れ物センターは どこに ありますか。 [오와스레모노센터-와 도코니 아리마스까]
14	근처에 약국이 있나요?	近くに 薬局は ありますか。 [치카쿠니 약쿄쿠와 아리마스까]

ありません。

없어요.

물건이나 찾는 것이 없을 때 사용할 수 있습니다. 일본어로 "없어요."라는 표현은 사람 및 동물 등 생물의 경우는 いません[이마셍]이라고 말하고, 공손한 표현으로는 ございません[고자이마셍]이라고 하는 점을 기억해 주세요!

01	제 짐이 없어요.	私の 荷物が ありません。 [와타시노 니모츠가 아리마셍]	
02	남은 좌석이 없어요.	残りの 座席が ありません。 [노코리노 자세키가 아리마셍]	
03	수건이 없어요.	タオルが ありません。 [타오루가 아리마셍]	
04	드라이어가 없어요.	ドライヤーが ありません。 [도라이야-가 아리마셍]	
05	휴지가 없어요.	トイレットペーパーが ありません。 [토이렛토페-파가 아리마셍]	
06	화장실은 없어요.	トイレは ありません。 [토이레와 아리마셍]	
07	알레르기는 없어요.	アレルギーは ありません。 [아레루기-와 아리마셍]	

공항　　교통　　숙소　　길거리　　식당　　이자카야　　쇼핑　　관광지　　위급

지갑을 잃어버렸을 때

👤 **A** : 私の 財布が ありません。[와타시노 사이후가 아리마셍]　　　　제 지갑이 없어요.

👤 **B** : 何時に どの 駅で 乗りましたか。[난지니 도노 에키데 노리마시타까]　　몇 시에 어느 역에서 타셨나요?

08	숟가락은 없습니다.	スプーンは ありません。 [스푼와 아리마셍]
09	생맥주는 없어요.	生ビールは ありません。 [나마비-루와 아리마셍]
10	지금 현금이 없어요.	今 現金が ありません。 [이마 겡킹가 아리마셍]
11	찾고 있는 물건이 없어요.*	探している ものが 見つかりません。 [사가시테이루 모노가 미츠카리마셍]
12	그건 현재 재고가 없습니다.	それは 今 在庫が ありません。 [소레와 이마 자이코가 아리마셍]
13	제 지갑이 없어요.	私の 財布が ありません。 [와타시노 사이후가 아리마셍]
14	일본인 지인은 없어요.	日本人の 知り合いは いません。 [니혼진노 시리아이와 이마셍]

* 찾고 있는 물건이 없을 때는 예외로 "미츠카리마셍(見つかりません, 못 찾겠어요.)"이라고 하니 주의하세요!

Pattern

03

行けば いいですか。・行きますか。

가면 되나요? / 가나요?

길을 몰라서 주위 사람에게 물어볼 때 사용할 수 있어요. 또 지도 앱에서 구체적으로 나오지 않는 실내, 지하 등에서 길을 확인할 때도 유용하게 쓸 수 있습니다. 보통 앞에 "도코니(どこに, 어디에, 어디로)"나 "도얏테(どうやって, 어떻게)"를 붙여 사용하는 경우가 많아요.

01	공항버스 정류장에는 어떻게 가면 되나요?	空港バス 乗り場は どうやって 行けば いいですか。 [쿠-코- 바스 노리바와 도-얏테 이케바 이-데스까]
02	4번 게이트는 어떻게 가면 되나요?	4番 ゲートには どうやって 行けば いいですか。 [욘방 게-토니와 도-얏테 이케바 이-데스까]
03	이 전철은 아사쿠사*로 가나요?	この 電車は 浅草に 行きますか。 [코노 덴샤와 아사쿠사니 이키마스까]
04	이 버스는 신주쿠역으로 가나요?	この バスは 新宿駅に 行きますか。 [코노 바스와 신주쿠에키니 이키마스까]
05	(전철을 탄 상태에서) 역까지는 이대로 가면 되나요?	駅までは このまま 行けば いいですか。 [에키마데와 코노마마 이케바 이-데스까]
06	이 전철은 어느 방면으로 가나요?	この 電車は どの 方面に 行きますか。 [코노 덴샤와 도노 호-멘니 이키마스까]
07	어메니티는 여기서 가져가면 되나요?	アメニティーは ここから 持って 行けば いいですか。 [어메니티-와 코코카라 못테 이케바 이-데스까]

* 아사쿠사는 도쿄 여행 시 필수로 가는 대표적인 여행지예요. 현대와 전통이 섞인 분위기로 많은 여행객들의 포토 스팟! 또 다양한 길거리 음식들이 많아서 먹는 재미까지 있는 곳이에요.

18

| 공항 | 교통 | 숙소 | 길거리 | 식당 | 이자카야 | 쇼핑 | 관광지 | 위급 |

전철역에서 행선지가 애매할 때

A : この 電車は どの 方面に 行きますか。　　　　　　　　　　이 전철은 어느 방면으로 가나요?
[코노 덴샤와 도노 호-멘니 이키마스까]

B : 秋葉原 方面に 行きます。　　　　　　　　　　　　　　　　아키하바라 방면으로 갑니다.
[아키하바라 호-멘니 이키마스]

08	조식을 먹으려면 어디로 가면 되나요?	朝食を 食べる ためには どこに 行けば いいですか。 [쵸-쇼쿠오 타베루 타메니와 도코니 이케바 이-데스까]	
09	타케시타 거리*는 이대로 가면 되나요?	竹下通りは このまま 行けば いいですか。 [타케시타도-리와 코노마마 이케바 이-데스까]	
10	카미나리몬*에는 어떻게 가면 되나요?	雷門には どうやって 行けば いいですか。 [카미나리몬니와 도-얏테 이케바 이-데스까]	
11	(지도를 보여주며) 여기까지 어떻게 가면 되나요?	ここまで どうやって 行けば いいですか。 [코코마데 도-얏테 이케바 이-데스까]	
12	내일은 어디에 가세요?	明日は どこに 行きますか。 [아시타와 도코니 이키마스까]	
13	기념품 가게는 어디로 가면 되나요?	お土産ショップは どこに 行けば いいですか。 [오미야게숍푸와 도코니 이케바 이-데스까]	
14	병원은 어디로 가면 되나요?	病院は どうやって 行けば いいですか。 [뵤-잉와 도-얏테 이케바 이-데스까]	

* 타케시타 거리는 시부야 하라주쿠 건너편에 위치한 젊음의 거리예요. 패션, 잡화, 파르페 등의 가게들이 많아요.
* 아사쿠사에 위치한 거대한 문이에요.

いくらですか。

얼마인가요?

쇼핑을 할 때, 교통편을 이용할 때, 물건의 가격 및 이용료를 물을 때 유용하게 사용할 수 있는 표현입니다. 실제로 구입하거나 이용하지 않더라도 가볍게 물어볼 수 있으니 부담 없이 사용해 보세요.

01	(짐 수속할 때) 5kg 추가하면 얼마인가요?	５キロ 追加でいくらですか。 [고키로 츠이카데 이쿠라데스까]
02	프린스 호텔까지 얼마인가요?	プリンス ホテルまでいくらですか。 [프린스 호테루마데 이쿠라데스까]
03	왕복은 얼마인가요?	往復でいくらですか。 [오-후쿠데 이쿠라데스까]
04	편도는 얼마인가요?	片道でいくらですか。 [카타미치데 이쿠라데스까]
05	조식은 얼마인가요?	朝食は いくらですか。 [쵸-쇼쿠와 이쿠라데스까]
06	온천 이용 요금은 얼마인가요?	温泉の 利用 料金は いくらですか。 [온센노 리요- 료-킹와 이쿠라데스까]
07	세트는 얼마인가요?	セットは いくらですか。 [셋토와 이쿠라데스까]

| 공항 | 교통 | 숙소 | 길거리 | 식당 | 이자카야 | 쇼핑 | 관광지 | 위급 |

여러 가지 상품을 구매할 때

A : 全部で いくらですか。[젬부데 이쿠라데스까] 　　　전부 (다해서) 얼마인가요?

B : 一万円に なります。[이치망엔니 나리마스] 　　　만 엔입니다.

08	오토시*(기본 안주)는 얼마인가요?	お通しは いくらですか。 [오토-시와 이쿠라데스까]
09	할인하면 얼마인가요?	割引したら いくらですか。 [와리비키시타라 이쿠라데스까]
10	이거 전부 다해서 얼마인가요?	これは 全部で いくらですか。 [코레와 젬부데 이쿠라데스까]
11	면세하면 얼마인가요?	免税したら いくらですか。 [멘제-시타라 이쿠라데스까]
12	좀 더 큰 향수는 얼마인가요?	もっと 大きい 香水は いくらですか。 [못토 오-키- 코-스이와 이쿠라데스까]
13	입장료는 얼마인가요?	入場料は いくらですか。 [뉴-죠-료-와 이쿠라데스까]
14	보증금은 얼마인가요?	保証金は いくらですか。 [호쇼-킹와 이쿠라데스까]

* 오토시는 일본 술집에서 자릿세 개념으로 나오는 기본 안주를 말하며, 가격은 1인당 300~500엔 정도예요.

お願いします。

부탁드려요.

상대방에게 무언가를 부탁할 때나 정중하게 질문 또는 요청을 할 때 쓸 수 있습니다. "쿠다사이(く
ださい, 주세요)"와 유사한 뜻인데 더욱 정중한 느낌으로 사용됩니다. 또 "요로시쿠(よろしく, 잘)"를
앞에 붙여서 "잘 부탁합니다."라고 씁니다.

01	난바까지 가는 라피트* 티켓 부탁드려요.	難波までのラピートのチケットをお願いします。 [난바마데노 라피-토노 치켓토오 오네가이시마스]
02	창가 쪽 자리로 부탁드려요.	窓側の席でお願いします。 [마도가와노 세키데 오네가이시마스]
03	우메다역까지 부탁드려요.	梅田駅まで お願いします。 [우메다에키마데 오네가이시마스]
04	체크인 부탁드려요.	チェックイン お願いします。 [첵쿠잉 오네가이시마스]
05	(체크인 시) 여권 부탁드려요.	パスポート お願いします。 [파스포-토 오네가이시마스]
06	(메뉴를 가리키며) 이걸로 부탁드려요.	これで お願いします。 [코레데 오네가이시마스]
07	계산 부탁드려요.	お会計 お願いします。 [오카이케- 오네가이시마스]

* 간사이 국제공항에서 오사카 시내(난바)로 가장 빠르게 가는 방법은 라피트 열차를 이용하는 것입니다.

공항　　교통　　숙소　　길거리　　식당　　이자카야　　쇼핑　　관광지　　위급

주문할 때

A : この セットで お願いします。 [코노 셋토데 오네가이시마스]　　이 세트로 부탁드려요.

B : 千円に なります。 [센엔니 나리마스]　　1,000엔입니다.

08	**이 세트로** 부탁드려요.	この セットで お願いします。 [코노 셋토데 오네가이시마스]
09	**같은 걸로** 부탁드려요.	同じ もので お願いします。 [오나지 모노데 오네가이시마스]
10	**이거 두 개** 부탁드려요.	これを 二つ お願いします。 [코레오 후타츠 오네가이시마스]
11	**영수증** 부탁드려요.	レシート お願いします。 [레시-토 오네가이시마스]
12	**봉투** 부탁드려요.	袋 お願いします。 [후쿠로 오네가이시마스]
13	**새 제품으로** 부탁드려요.	新品で お願いします。 [신삥데 오네가이시마스]
14	**카드로** 부탁드려요.	カードで お願いします。 [카-도데 오네가이시마스]

23

大丈夫です(か)。

괜찮아요.[괜찮을까요?]

부드럽게 의사를 물어볼 때 사용할 수 있어요. 또 부드럽게 거절하거나 본인의 기분을 표현할 때도 씁니다. 우리 말의 "괜찮아요."와 같은 의미로 쓰이니 외워두면 다방면에서 요긴하게 쓸 수 있어요. 질문을 할 때도, 부탁을 할 때도 명령조로 들리지 않아 편하게 쓸 수 있어서 좋아요. 지나가는 사람의 발을 밟거나 부딪혔을 때도 쓸 수 있어요.

01	짐을 재봐도 괜찮을까요?	荷物を 測って みても 大丈夫ですか。 [니모츠오 하캇테 미테모 다이죠-부데스까]
02	(열차를 예약할 때) 1시간 후의 열차라면 괜찮아요.	一時間 後の 列車なら 大丈夫です。 [이치지캉 고노 렛샤나라 다이죠-부데스]
03	뭐 좀 물어봐도 괜찮을까요?	ちょっと 聞いても 大丈夫ですか。 [춋토 키-테모 다이죠-부데스까]
04	사진 찍어 주실 수 있을까요?	写真 撮って もらっても 大丈夫ですか。 [샤신 톳테 모랏테모 다이죠-부데스까]
05	(타인의 발을 밟거나 부딪혔을 때) 괜찮으세요?	大丈夫ですか。 [다이죠-부데스까]
06	(거절의 의미) 아, 괜찮아요.*	あっ、 大丈夫です。 [앗, 다이죠-부데스]
07	이 메뉴로 (주문해도) 괜찮을까요?	この メニューで 大丈夫ですか。 [코노 메뉴-데 다이죠-부데스까]

* 일본의 가부키쵸 등 번화가에서는 호객 행위가 많아요. 그럴 때 사용할 수 있어요.

공항　교통　숙소　길거리　식당　이자카야　쇼핑　관광지　위급

이자카야에서 주문할 때

A : とりあえず 生ビールで。 [토리아에즈 나마비-루데]

일단 생맥주로(주세요).

B : 瓶ビールしか ないですけど 大丈夫ですか。
[빙비-루시카 나이데스케도 다이죠-부데스까]

병맥주밖에 없는데 괜찮을까요?

번호	한국어	일본어
08	알레르기 같은 건 괜찮을까요?	アレルギーなどは 大丈夫ですか。 [아레루기-나도와 다이죠-부데스까]
09	고추냉이 (넣어도) 괜찮을까요?	わさび 大丈夫ですか。 [와사비 다이죠-부데스까]
10	차가운 물*로 (드려도) 괜찮을까요?	冷たい お水で 大丈夫ですか。 [츠메타이 오미즈데 다이죠-부데스까]
11	술만 가볍게 마셔도 될까요?	お酒だけ 軽く 飲んでも 大丈夫ですか。 [오사케다케 카루쿠 논데모 다이죠-부데스까]
12	같이 사진 찍어도 괜찮을까요?	一緒に 写真 撮っても 大丈夫ですか。 [잇쇼니 샤신 톳테모 다이죠-부데스까]
13	병맥주밖에 없는데 괜찮을까요?	瓶ビールしか ないですけど 大丈夫ですか。 [빙비-루시카 나이데스케도 다이죠-부데스까]
14	(추천을 거절할 때) 그건 괜찮아요.	それは 大丈夫です。 [소레와 다이죠-부데스]

* 따뜻한 물을 원하는 경우에는 "오유데 오네가이시마스(お湯で お願いします, 따뜻한 물로 부탁드려요.)"라고 해요.

できますか。

할 수 있나요?

하고자 하는 것이 가능한지 물어볼 때나 혹은 동의를 구할 때 쓸 수 있습니다. 일본과 한국은 사소한 것에서 다른 문화가 많기에 애매한 경우에는 가능한지 물어보는 게 좋아요.

01	(탑승 시각에 늦었을 때) 지금 수속 할 수 있나요?	今 手続き できますか。 [이마 테츠즈키 데키마스까]
02	예약할 수 있나요?	予約 できますか。 [요야쿠 데키마스까]
03	예약 취소 할 수 있나요?	予約の キャンセル できますか。 [요야쿠노 캰세루 데키마스까]
04	와이파이 되나요?	Wi-Fi 使えますか。* [와이화이 츠카에마스까]
05	(상대방의 일본어가 너무 어려운 경우) 영어로 할 수 있나요?	英語で できますか。 [에-고데 데키마스까]
06	충전할 수 있나요?	充電 できますか。 [쥬-덴 데키마스까]
07	포장 되나요?	お持ち帰り できますか。 [오모치카에리 데키마스까]

* 와이파이가 되는지 물어볼 때는 "츠카에마스까(使えますか, 쓸 수 있나요?)"라고 하니 주의하세요!

공항　　교통　　숙소　　길거리　　식당　　이자카야　　쇼핑　　관광지　　위급

메뉴를 변경할 때

A : メニューの 変更 できますか。[메뉴-노 헨코- 데키마스까]　　메뉴 변경할 수 있나요?

B : はい、なにに 変更されますか。[하이, 나니니 헨코- 사레마스까]　　네, 무엇으로 변경하시겠어요?

08	메뉴 변경 할 수 있나요?	メニューの 変更 できますか。 [메뉴-노 헨코- 데키마스까]
09	제로콜라로 부탁해도 되나요?	ゼロコーラで お願い できますか。 [제로코-라데 오네가이 데키마스까]
10	생맥주 작은 사이즈* 되나요?	生ビール 小さいのに できますか。 [나마비-루 치-사이노니 데키마스까]
11	카드 되나요?	カード 使えますか。* [카-도 츠카에마스까]
12	면세 되나요?	免税 できますか。 [멘제- 데키마스까]
13	입어볼 수 있나요?	試着 できますか。 [시챠쿠 데키마스까]
14	사진 촬영 되나요?	写真 撮影 できますか。 [샤신 사츠에- 데키마스까]

* 일본의 이자카야에서는 맥주를 소, 중, 대, 메가 사이즈 등 다양한 크기로 판매합니다.

* 카드가 되는지 물어볼 때는 "츠카에마스까(使えますか, 쓸 수 있나요?)"라고 하니 주의하세요!

できません。・～ません。

안 돼요. / 안 ~해요.

무언가가 안 된다고 안내를 받을 때 들을 수 있는 표현입니다. 또 물건이나 설비가 작동되지 않아 문의할 때 사용할 수 있습니다.

01	이건 들고 타실 수 없어요.	これは お持ち込み できません。 [코레와 오모치코미 데키마셍]
02	(교통카드나 티켓 인식이 안 될 때) 인식이 안 돼요.	認識が できません。 [닌시키가 데키마셍]
03	불이 안 들어와요.	電気が つきません。 [덴키가 츠키마셍]
04	문이 안 열려요.	ドアが 開きません。 [도아가 아키마셍]
05	와이파이가 안 돼요.	Wi-Fiが 使えません。 [와이화이가 츠카에마셍]
06	따뜻한 물이 안 나와요.	お湯が 出ません。 [오유-가 데마셍]
07	출구를 못 찾겠어요.	出口が 見つかりません。 [데구치가 미츠카리마셍]

공항 교통 숙소 길거리 식당 이자카야 쇼핑 관광지 위급

숙소에서 따뜻한 물이 안 나올 때

A : お湯が 出ません。[오유가 데마셍]　　　　　　따뜻한 물이 안 나와요.

B : 何号室ですか。[난고-시츠데스까]　　　　　　몇 호실이세요?

08 🍽	테이크아웃은 안 돼요.	テイクアウトは できません。 [테이크아우토와 데키마셍]
09 🍽	(고장 났거나 사용이 어려울 때) 식권 자판기를 쓸 수 없어요.	食券機が 使えません。 [쇽켄키가 츠카에마셍]
10 🍽	이 메뉴는 지금 안 돼요.	この メニューは 今は できません。 [코노 메뉴-와 이마와 데키마셍]
11 🍽	카드는 안 돼요.	カードは 使えません。 [카-도와 츠카에마셍]
12 📷	촬영은 안 돼요.	撮影は できません。 [사츠에-와 데키마셍]
13 🚨	인터넷이 안 돼요.	インターネットが 使えません。 [인타-넷토가 츠카에마셍]
14 🚨	저는 일본어를 못해요.	私は 日本語が できません。 [와타시와 니혼고가 데키마셍]

~てもいいですか。

~해도 될까요?

상대에게 정중하게 행동의 허락이나 양해를 구할 때 사용할 수 있습니다. 부드럽게 동의를 구하는 표현이라 부담 없이 쓸 수 있어요.

01	짐을 재봐도 될까요?	荷物を 測って みても いいですか。 [니모츠오 하캇테 미테모 이-데스까]
02	짐을 맡겨도 될까요?	荷物を 預けても いいですか。 [니모츠오 아즈케테모 이-데스까]
03	길을 물어봐도 될까요?	道を 教えて もらっても いいですか。 [미치오 오시에테 모랏테모 이-데스까]
04	사진 찍어 주실 수 있나요?	写真 撮って もらっても いいですか。 [샤신 톳테 모랏테모 이-데스까]
05	영상 찍어 주실 수 있나요?	動画 撮って もらっても いいですか。 [도-가 톳테 모랏테모 이-데스까]
06	앞접시 받을 수 있을까요?	取り皿 もらっても いいですか。 [토리자라 모랏테모 이-데스까]
07	옆에 앉아도 될까요?	隣に 座っても いいですか。 [토나리니 스왓테모 이-데스까]

공항　교통　숙소　길거리　식당　이자카야　쇼핑　관광지　위급

관광지에서

👤 **A :** 入ってもいいですか。[하잇테모 이-데스까]　　　　들어가도 될까요?

👤 **B :** チケットをお見せください。[치켓토오 오미세 쿠다사이]　　티켓을 보여 주세요.

08 🍽	받아도 될까요?	もらってもいいんですか。* [모랏테모 이잉데스까]
09 🛏	입어봐도 될까요?	試着してもいいですか。 [시챠쿠시테모 이-데스까]
10 🖥	써봐도 될까요?	使ってみてもいいですか。 [츠캇테 미테모 이-데스까]
11 🖥	만져봐도 될까요?	触ってみてもいいですか。 [사왓테 미테모 이-데스까]
12 🖥	다른 색상도 볼 수 있을까요?	他の色も見てもいいですか。 [호카노 이로모 미테모 이-데스까]
13 📷	들어가도 될까요?	入ってもいいですか。 [하잇테모 이-데스까]
14 🚨	데려가주실 수 있나요?	連れて行ってもらってもいいですか。 [츠레테잇테 모랏테모 이-데스까]

* 일본 이자카야에서는 술이나 음식을 대신 사주는 경우가 종종 있어요! 그럴 때 주로 쓰는 감사의 표현이에요. 이때는 정말로 받아도 되는지 물어보는 게 아니므로 '이-데스까'보다 친근한 뉘앙스인 '이잉데스까'를 써요.

ください(ませんか)。

주세요. [주실 수 있나요?]

상대에게 무언가를 요청할 때나 부탁할 때 쓸 수 있어요. 자칫하면 명령조로 들릴 수도 있으니 뉘앙스에 유의합시다. 문장 뒤에 "마셍카(ませんか, ~하지 않겠습니까?)"를 붙이면 더 부드러운 표현이 됩니다.

01	영어로 말해 주세요.	英語で 話して ください。 [에-고데 하나시테 쿠다사이]
02	(택시에서) 여기서 내려 주세요.	ここで 降ろして ください。 [코코데 오로시테 쿠다사이]
03	여권을 보여 주세요.	パスポートを 見せて ください。 [파스포-토오 미세테 쿠다사이]
04	제 방으로 누군가 잠 깐 와 주세요.	私の 部屋に 誰か ちょっと 来て ください。 [와타시노 헤야니 다레카 춋토 키테 쿠다사이]
05	길을 알려 주실 수 있나요?	道を 教えて くださいませんか。 [미치오 오시에테 쿠다사이마셍까]
06	한 번 더 말씀해 주세요.	もう 一度 言って ください。 [모- 이치도 잇테 쿠다사이]
07	(편하게) 반말로 말해 주세요.	ため口で 話して ください。 [타메구치데 하나시테 쿠다사이]

공항 교통 숙소 길거리 식당 이자카야 쇼핑 관광지 위급

식당에서

👩 **A** : 取り皿 くださいませんか。 [토리자라 쿠다사이마셍까]　　　　앞접시 주실 수 있나요?

🧑 **B** : 取り皿は セルフバーに ございます。　　　　　　　　　앞접시는 셀프바에 있습니다.
　　　[토리자라와 세루후바-니 고자이마스]

08	이거 하나 주세요.	これを ひとつ ください。 [코레오 히토츠 쿠다사이]
09	이거 240 사이즈로 주세요.	これの 24 センチを ください。 [코레노 니쥬-욘 센치오 쿠다사이]
10	앞접시 주실 수 있나요?	取り皿 くださいませんか。 [토리자라 쿠다사이마셍까]
11	티켓 보여 주세요.	チケットを 見せて ください。 [치켓토오 미세테 쿠다사이]
12	조심하세요.	気を つけて ください。 [키오츠케테 쿠다사이]
13	휴대폰 빌려 주실 수 있나요?	携帯を 貸して くださいませんか。 [케-타이오 카시테 쿠다사이마셍까]
14	도와주세요.	手伝って ください。 [테츠닷테 쿠다사이]

どこですか。

어디인가요?

장소나 길을 물을 때 사용하는 표현이에요. 지도 앱에 나타나지 않는 지하나 건물 안에서 길을
잃었을 때나 현재 나의 위치를 확인할 때 쓸 수 있는 유용한 만능 표현이에요.

01	5번 게이트는 어디인가요?	5番 ゲートは どこですか。 [고방 게-토와 도코데스까]
02	인천에서 출발한 비행기의 짐은 어디인가요?	仁川 出発の 飛行機の 荷物は どこですか。 [인천 슛파츠노 히코-키노 니모츠와 도코데스까]
03	공항버스 정류장은 어디인가요?	空港バスの 乗り場は どこですか。 [쿠-코-바스노 노리바와 도코데스까]
04	택시 정류장은 어디인가요?	タクシーの 乗り場は どこですか。 [타쿠시-노 노리바와 도코데스까]
05	온천은 어디인가요?	温泉は どこですか。 [온셍와 도코데스까]
06	식당은 어디인가요?	食堂は どこですか。 [쇼쿠도-와 도코데스까]
07	여기서 제일 가까운 전차역은 어디인가요?	ここから 一番 近い 電車の 駅は どこですか。 [코코카라 이치방 치카이 덴샤노 에키와 도코데스까]

공항　 교통　 숙소　 길거리　 식당　 이자카야　 쇼핑　 관광지　위급

공항에서

A : 14番ゲートは どこですか。 [쥬-욘방 게-토와 도코데스까]　　14번 게이트는 어디인가요?

B : まっすぐ 行って 右に 曲がれば あります।
[맛스구 잇테 미기니 마가레바 아리마스]　　쭉 가서 오른쪽으로 꺾으면 있습니다.

08	여기는 어디인가요?	ここは どこですか。 [코코와 도코데스까]
09	드링크바는 어디인가요?	ドリンクバーは どこですか。 [도링크바-와 도코데스까]
10	생활용품 매장은 어디인가요?	生活用品 売り場は どこですか。 [세-카츠요-힝 우리바와 도코데스까]
11	화장실은 어디인가요?	トイレは どこですか。 [토이레와 도코데스까]
12	기념품 가게는 어디인가요?	お土産ショップは どこですか。 [오미야게숍푸와 도코데스까]
13	분실물 센터는 어디인가요?	お忘れ物センターは どこですか。 [오와스레모노센타-와 도코데스까]
14	경찰서는 어디인가요?	警察署は どこですか。 [케-사츠쇼와 도코데스까]

なんですか。

무엇인가요?

모르거나 궁금한 것을 물어볼 때 사용해요. 특히 메뉴를 봐도 무엇을 주문해야 할지 모를 때 "오스스메와 난데스까(おすすめは なんですか, 추천(메뉴)은 무엇인가요?)"나 사진이 있어도 뭔지 모를 때 "고레와 난데스까(これは なんですか, 이것은 무엇입니까?)"라고 쓸 수 있어요. 뿐만 아니라 현지인과 교류할 때도 유용하게 쓸 수 있는 표현이니 꼭 기억해 두세요!

01	이 안에 든 것은 무엇인가요?	この 中に 入ってるのは なんですか。 [코노 나카니 하잇테루노와 난데스까]
02	와이파이 비밀번호는 무엇인가요?	Wi-Fiの パスワードは なんですか。 [와이화이노 파스와-도와 난데스까]
03	이 거리의 이름은 무엇인가요?	この 通りの 名前は なんですか。 [코노 토-리노 나마에와 난데스까]
04	이 음식의 이름은 무엇인가요?	この 食べ物の 名前は なんですか。 [코노 타베모노노 나마에와 난데스까]
05	추천(메뉴)은 무엇인가요?	おすすめは なんですか。 [오스스메와 난데스까]
06	(다른 테이블의 메뉴를 가리키며) 저 메뉴는 무엇인가요?	あの メニューは なんですか。 [아노 메뉴-와 난데스까]
07	이름이 뭐예요?	お*名前は なんですか。 [오나마에와 난데스까]

* 조금 더 정중하게 표현할 때 단어 앞에 お를 붙이는 경우가 많아요. 예를 들어, 나마에(名前)는 이름, 오나마에(お名前)는 성함이에요!

공항 교통 숙소 길거리 식당 이자카야 쇼핑 관광지 위급

숙소에서

A : Wi-Fiの パスワードは なんですか。
[와이화이노 파스와-도와 난데스까]　　　와이파이 비밀번호는 무엇인가요?

B : この かみに 書いて ございます。[코노 카미니 카이테 고자이마스]　이 종이에 적혀 있습니다.

08	이 가게 이름이 무엇인가요?	この お店の 名前は なんですか。 [코노 오미세노 나마에와 난데스까]
09	이 술은 무엇인가요?	この お酒は なんですか。 [코노 오사케와 난데스까]
10	제일 인기 있는 건 무엇인가요?	一番 人気な 物は なんですか。 [이치방 닌키나 모노와 난데스까]
11	이건 무엇인가요?	これは なんですか。 [코레와 난데스까]
12	저건 무엇인가요?	あれは なんですか。 [아레와 난데스까]
13	이 놀이기구의 이름은 무엇인가요?	この アトラクションの 名前は なんですか。 [코노 아토락숀노 나마에와 난데스까]
14	한국 대사관의 전화번호는 무엇인가요?	韓国 大使館の 電話番号は なんですか。 [캉코쿠 타이시칸노 뎅와방고-와 난데스까]

教えて(言って)ください。

알려[말해] 주세요.

상대방에게 무언가를 물어보거나 정보를 얻을 때 쓸 수 있는 표현이에요. 쿠다사이[ください]뒤에
"마셍카(ませんか, ~ 하지 않으실래요?)"를 붙이면 보다 정중한 표현이 되니 함께 기억해 둡시다!

01	몇 번 게이트인지 알려 주세요.	何番 ゲートか 教えて ください。 [난방 게-토까 오시에테 쿠다사이]
02	도착하기 전에 알려 주세요	到着する 前に 教えて ください. [토-챠쿠스루 마에니 오시에테 쿠다사이]
03	한 번 더 말해 주세요.	もう 一度 言って ください。 [모- 이치도 잇테 쿠다사이]
04	길을 알려 주실 수 있나요?	道を 教えて くださいませんか。 [미치오 오시에테 쿠다사이마셍까]
05	쉬운 일본어로 말해 주세요.	易しい 日本語で 言って ください。 [야사시- 니홍고데 잇테 쿠다사이]
06	이건 뭔지 알려 주세요.	これは 何なのか 教えて ください。 [코레와 난나노까 오시에테 쿠다사이]
07	옆 테이블의 메뉴를 알려 주세요.	隣の テーブルの メニューを 教えて ください。 [토나리노 테-부루노 메뉴-오 오시에테 쿠다사이]

공항 교통 숙소 길거리 식당 이자카야 쇼핑 관광지 위급

대화할 때

👥 **A :** これは 何なのか 教えて ください。　　　　　　　이건 뭔지 알려 주세요.
[코레와 난나노까 오시에테 쿠다사이]

💁 **B :** これは しょうゆでございます。　　　　　　　　이건 간장입니다.
[코레와 쇼-유데고자이마스]

08	추천 메뉴 알려 주세요.	おすすめの メニューを 教えて ください。 [오스스메노 메뉴-오 오시에테 쿠다사이]
09	어떤 색깔이 있는지 알려 주세요.	どんな 色が あるのか 教えて ください。 [돈나 이로가 아루노카 오시에테 쿠다사이]
10	이 지역 문화에 대해서 알려 주세요.	この 地域の 文化に ついて 教えて ください。 [코노 치-키노 분카니 츠이테 오시에테 쿠다사이]
11	이벤트 일정에 대해 알려 주실 수 있나요?	イベントの 日程を 教えて くださいませんか。 [이벤토노 닛테-오 오시에테 쿠다사이마셍까]
12	언제인지 알려 주세요.	いつなのか 教えて ください。 [이츠나노까 오시에테 쿠다사이]
13	이거 어떻게 쓰는지 알려 주세요.	これ どうやって 使うのか 教えて ください。 [코레 도-얏테 츠카우노까 오시에테 쿠다사이]
14	어떤 상황인지 알려 주세요.	どんな 状況なのか 教えて ください。 [돈나 조-쿄-나노까 오시에테 쿠다사이]

どうやって 使いますか。

어떻게 사용하나요?

물건의 사용법을 모르는 상황에서 질문할 때 사용하는 표현이에요. 작동이 되지 않을 때도, 작동법을 모를 때도 사용할 수 있으니 기억해 두면 편리해요. 물건의 이름을 모를 때는 손으로 가리키며 "코레 도-얏테 츠카이마스까(これ どうやって 使いますか, 이거 어떻게 사용하나요?)"라고 하면 돼요!

---

01 **티켓 발권기는**
어떻게 사용하나요?

チケットの 券売機は どうやって 使いますか。
[치켓토노 켐바이키와 도-얏테 츠카이마스까]

---

02 **코인 로커는**
어떻게 사용하나요?

コインロッカーは どうやって 使いますか。
[코인록카-와 도-얏테 츠카이마스까]

---

03 **이 티켓은**
어떻게 사용하나요?

この チケットは どうやって 使いますか。
[코노 치켓토와 도-얏테 츠카이마스까]

---

04 **이 열쇠는**
어떻게 사용하나요?

この 鍵は どうやって 使いますか。
[코노 카기와 도-얏테 츠카이마스까]

---

05 **에어컨은**
어떻게 사용하나요?

エアコンは どうやって 使いますか。
[에아콩와 도-얏테 츠카이마스까]

---

06 **환풍기는**
어떻게 사용하나요?

換気扇は どうやって 使いますか。
[캉키셍와 도-얏테 츠카이마스까]

---

07 **방의 전화는**
어떻게 사용하나요?

部屋の 電話は どうやって 使いますか。
[헤야노 뎅와와 도-얏테 츠카이마스까]

공항　교통　숙소　길거리　식당　이자카야　쇼핑　관광지　위급

객실 내 전화 사용법을 물을 때

A : 部屋の 電話は どうやって 使いますか。　　　　　방의 전화는 어떻게 사용하나요?
[헤야노 뎅와와 도-얏테 츠카이마스까]

B : 9番を 押して 電話番号を 押して ください。　　　9번을 누른 후 전화번호를 눌러 주세요.
[큐-방오 오시테 뎅와방고-오 오시테 쿠다사이]

08	전자레인지는 어떻게 사용하나요?	電子レンジは どうやって 使いますか。 [덴시렌-지와 도-얏테 츠카이마스까]
09	식권 자판기는 어떻게 사용하나요?	食券機は どうやって 使いますか。 [쇼켄키와 도-얏테 츠카이마스까]
10	이 제품은 어떻게 사용하나요?	この 製品は どうやって 使いますか。 [코노 세-힝와 도-얏테 츠카이마스까]
11	이건 어떨 때 사용하나요?	これは どういう 時に* 使いますか。 [코레와 도-유 토키니 츠카이마스까]
12	쿠폰은 어떻게 사용하나요?	クーポンは どうやって 使いますか。 [쿠-퐁와 도-얏테 츠카이마스까]
13	이거 어떻게 사용하나요?	これ どうやって 使いますか。 [코레 도-얏테 츠카이마스까]
14	ATM은 어떻게 사용하나요?	ATMは どうやって 使いますか。 [에-티-에무와 도-얏테 츠카이마스까]

* 어떤 상황에서 사용하는지도 알고 싶다면, 이렇게 '도-유 토키니(どういう 時に, 어떨 때)'로 바꾸면 된답니다.

間違えました。・間違って

잘못했어요. / 잘못 ~

무언가가 예상한 것과 다른 상황일 때 사용할 수 있는 표현이에요. 내가 길을 잘못 들었거나 착각한 경우, 직원이 예약이나 계산을 실수했을 때 등에 사용할 수 있어요. 여행 중에는 바로바로 확인을 안 하면 이동 등으로 인해 바로잡기 어려운 경우가 많으니 늘 꼼꼼히 확인하세요.

01	**신고서를** 잘못 썼어요.	申告書を 書き 間違えました。 [싱코쿠쇼오 카키 마치가에마시타]
02	**이 부분** **체크를 잘못했어요.**	この 部分の チェックを 間違えました。 [코노 부분노 첵꾸오 마치가에마시타]
03	**이름이** 잘못됐어요.	名前が 間違っています。 [나마에가 마치갓테이마스]
04	**영어 철자가** 잘못됐어요.	英語の つづりが 間違っています。 [에-고노 츠즈리가 마치갓테이마스]
05	**시간을** 잘못 알았어요.	時間を 間違えました。 [지캉오 마치가에마시타]
06	**(실수로)** 잘못 탔어요.	乗り 間違えました。 [노리 마치가에마시타]
07	**표를** 잘못 샀어요.	切符を 間違って 買いました。 [킵뿌오 마치갓테 카이마시타]

공항 교통 숙소 길거리 식당 이자카야 쇼핑 관광지 위급

계산이 잘못되었을 때

A : 計算が 間違っています。[케-산가 마치갓테이마스]

계산이 잘못됐어요.

B : 申し訳ございません。 レシートを 見せて ください。
[모-시와케 고자이마셍. 레시-토오 미세테 쿠다사이]

대단히 죄송합니다. 영수증을 보여 주세요.

08	길을 잘못 들었어요.	道を 間違えました。 [미치오 마치가에마시타]
09	주문을 잘못했어요.	注文を 間違えました。 [츄-몽오 마치가에마시타]
10	요리가 잘못 나왔어요.	料理が 間違って きました。 [료-리가 마치갓테 키마시타]
11	일본어를 잘못 쓰면 고쳐 주세요.	日本語を 間違って 使ったら 直して ください。 [니홍고오 마치갓테 츠캇타라 나오시테 쿠다사이]
12	계산이 잘못됐어요.	計算が 間違っています。 [케-산가 마치갓테이마스]
13	사이즈가 틀렸어요.	サイズが 間違っています。 [사이즈가 마치갓테이마스]
14	숫자가 잘못됐어요.	数字が 間違っています。 [스-지가 마치갓테이마스]

合っていますか。・ですか。

~가 맞나요? / ~인가요?

본인이 알고 있는 사실이나 생각이 맞는지 확인할 때 쓸 수 있는 표현입니다. 긴가민가한 상황에서 가던 잘못된 길을 계속 가거나, 틀린 판단을 해버리면 모처럼 떠난 여행에서 시간 낭비를 할 수도 있겠죠? 이 패턴을 잘 활용해서 확실하고 안전하게 여행하세요.

01	이렇게 쓰는 게 맞나요?	この 書き方で 合っていますか。 [코노 카키카타데 앗테이마스까]
02	인천에서 출발한 짐은 여기가(여기에서 찾는 게) 맞나요?	仁川 出発の 荷物は ここで 合っていますか。 [인천 슛파츠노 니모츠와 코코데 앗테이마스까]
03	버스정류장은 여기인가요?	バス停は ここですか。 [바스테-와 코코데스까]
04	USJ* 방면은 여기가 맞나요?	USJ 方面は ここで 合っていますか。 [유-에스제- 호-멘와 코코테 앗테이마스까]
05	다음 역이 난바역인가요?	次の 駅が 難波駅ですか。 [츠기노 에키가 난바에키데스까]
06	시부야에 가기 위해선 이 출구가 맞나요?	渋谷に 行くには この 出口で 合っていますか。 [시부야니 이쿠니와 코노 데구치데 앗테이마스까]
07	타케시타 거리는 여기가 맞나요?	竹下通りは ここで 合っていますか。 [타케시타도-리와 코코데 앗테이마스까]

* 유니버셜 스튜디오 재팬을 '유니바' 또는 'USJ'라고 줄여서 불러요.

공항　　교통　　숙소　　길거리　　식당　　이자카야　　쇼핑　　관광지　　위급

관광지의 입구를 찾을 때

A : 展望台の 入口は ここですか。[텐보-다이노 이리구치와 코코데스까]　　전망대 입구는 여기인가요?

B : 一階 上に ございます。[잇카이 우에니 고자이마스]　　한 층 위에 있습니다.

08	여긴 식당인가요?*	ここは 食堂ですか。 [코코와 쇼쿠도-데스까]	
09	지금 제 일본어 맞나요?	今の 私の 日本語 合っていますか。 [이마노 와타시노 니홍고 앗테이마스까]	
10	이렇게 사용하는 게 맞나요?	この 使い 方で 合っていますか。 [코노 츠카이 카타데 앗테이마스까]	
11	여성용이 맞나요?	女性用で 合っていますか。 [죠세-요-데 앗테이마스까]	
12	여기가 대기줄이 맞나요?	ここが 待ち列で 合っていますか。 [코코가 마치레츠데 앗테이마스까]	
13	매표소는 이쪽이 맞나요?	きっぷうりばは こちらで 合っていますか。 [킷푸우리바와 코치라데 앗테이마스까]	
14	전망대 입구는 여기인가요?	展望台の 入口は ここですか。 [텐보-다이노 이리구치와 코코데스까]	

* 일본의 대형 식당 중에는 1층이 기념품 가게인 경우가 종종 있어서 헷갈릴 수 있습니다. 그럴 때 쓰면 좋은 질문입니다.

Pattern

17

いつですか。・何時ですか。

언제인가요? / 몇 시인가요?

열차 출발 시간이나 관광지 입장 시간, 관람 시간 등 시간을 물을 때나 체크인 날짜, 예약 날짜 등을 확인할 때 쓰는 표현이에요. 특히 비행기나 열차 티켓 등은 제 시간에 못 가면 손해가 크기 때문에 즐거운 여행을 위해서도 시간을 확실하게 확인해 두세요!

01	탑승은 언제인가요?	搭乗は いつですか。 [토-죠-와 이츠데스까]
02	다음 모노레일은 언제인가요?	次の モノレールは いつですか。 [츠기노 모노레-루와 이츠데스까]
03	출발은 몇 시인가요?	出発は 何時ですか。 [슛파츠와 난지데스까]
04	도착은 몇 시인가요?	到着は 何時ですか。 [토-챠쿠와 난지데스까]
05	다음 제일 빠른 티켓은 몇 시인가요?	次の 一番 早い チケットは 何時ですか。 [츠기노 이치방 하야이 치켓토와 난지데스까]
06	다음 나고야행 신칸센은 몇 시인가요?	次の 名古屋行きの 新幹線は 何時ですか。 [츠기노 나고야유키노 신칸셍와 난지데스까]
07	(왕복권 예약 시) 돌아오는 날은 언제인가요?	帰りは いつですか。 [카에리와 이츠데스까]

공항　교통　숙소　길거리　식당　이자카야　쇼핑　관광지　위급

식당에서

👤 **A :** ブレイクタイムは 何時ですか。[부레이쿠타이무와 난지데스까]　　ㅤ브레이크타임은 몇 시인가요?

👤 **B :** 15時から 16時半までです。[쥬-고지카라 쥬-로쿠지항마데데스]　　15시부터 16시 반까지입니다.

08	(전철)막차는 몇 시인가요?	終電は 何時ですか。 [슈-뎅와 난지데스까]
09	체크인은 몇 시인가요?	チェックインは 何時ですか。 [첵쿠잉와 난지데스까]
10	체크아웃은 몇 시인가요?	チェックアウトは 何時ですか。 [첵쿠아우토와 난지데스까]
11	조식은 몇 시인가요?	朝食は 何時ですか。 [쵸-소쿠와 난지데스까]
12	브레이크타임은 몇 시인가요?	ブレイクタイムは 何時ですか。 [부레이쿠타이무와 난지데스까]
13	폐점은 몇 시인가요?	閉店は 何時ですか。 [헤-텡와 난지데스까]
14	폐관 시간은 언제인가요?	閉館の 時間は いつですか。 [헤-칸노 지캉와 이츠데스까]

いつまでですか。

언제까지인가요?

교통 패스권, 유효기간 등의 시간 또는 기간을 물을 때 사용해요. 운영시간, 영업시간, 마감기간, 티켓 사용기간 등 다양한 시간의 기간을 물을 때 쓸 수 있어요. 앞에 "이츠카라(いつから, 언제부터)"를 세트로 외워두면 편해요!

01	탑승 수속은 언제까지인가요?	搭乗 手続きは いつまでですか。 [토-죠- 테츠즈키와 이츠마데데스까]
02	면세점의 이용시간은 언제까지인가요?	免税店の 利用時間は いつまでですか。 [멘제-텐노 리요-지캉와 이츠마데데스까]
03	이 주유 패스는 언제부터 언제까지인가요?	この 周遊パスは いつから いつまでですか。 [코노 슈-유-파스와 이츠카라 이츠마데데스까]
04	온천의 이용시간은 언제까지인가요?	温泉の 利用時間は いつまでですか。 [온센노 리요-지캉와 이츠마데데스까]
05	조식은 언제까지인가요?	朝食は いつまでですか。 [쵸-쇼쿠와 이츠마데데스까]
06	마지막 주문은 언제까지인가요?	ラスト オーダーは いつまでですか。 [라스트 오다-와 이츠마데데스까]
07	이것의 유통기한은 언제까지인가요?	これの 賞味期限は いつまでですか。 [코레노 쇼-미키겡와 이츠마데데스까]

공항   교통   숙소   길거리   식당   이자카야   쇼핑   관광지 위급

호텔에서 조식 시간을 물어볼 때

A : 朝食は いつまでですか。 [쵸-쇼쿠와 이츠마데데스까] 조식은 언제까지인가요?

B : 6時から 11時までです。 [로쿠지카라 쥬-이치지마데데스] 6시부터 11시까지입니다.

08	세일은 언제까지인가요?	セールは いつまでですか。 [세-루와 이츠마데데스까]
09	이 쿠폰은 언제까지인가요?	この クーポンは いつまでですか。 [코노 쿠-퐁와 이츠마데데스까]
10	돈키호테의 영업시간은 언제까지인가요?	ドンキホーテの 営業時間は いつまでですか。 [동키호테-노 에-교-지캉와 이츠마데데스까]
11	이용시간은 언제까지인가요?	利用時間は いつまでですか。 [리요-지캉와 이츠마데데스까]
12	이 축제는 언제까지인가요?	この 祭りは いつまでですか。 [코노 마츠리와 이츠마데데스까]
13	분실물 센터의 이용시간은 몇 시까지인가요?	お忘れ物センターの 利用時間は いつまでですか。 [오와스레모노센타-노 리요-지캉와 이츠마데데스까]
14	약국의 이용시간은 언제까지인가요?	薬局の 利用時間は いつまでですか。 [얏쿄쿠노 리요-지캉와 이츠마데데스까]

49

交換できますか。

교환할 수 있을까요?

구매한 물건이나 주문한 메뉴 등을 교환하고 싶을 때 사용할 수 있어요. 꼭 구매한 물건이 아니더라도 비행기나 열차의 좌석, 식당의 테이블, 호텔의 객실 등을 바꾸고 싶을 때 요긴하게 쓸 수 있는 표현이랍니다.

01	비행기 자리 교환할 수 있을까요?	飛行機の 席を 交換 できますか。 [히코-키노 세키오 코-캉 데키마스까]
02	다음 열차 티켓으로 교환할 수 있을까요?	次の 列車の チケットに 交換 できますか。 [츠기노 렛샤노 치켓토니 코-캉 데키마스까]
03	금연 방으로 교환할 수 있을까요?	禁煙 部屋に 交換 できますか。 [킹엔 베야니 코-캉 데키마스까]
04	베개를 교환할 수 있을까요?	枕を 交換 できますか。 [마쿠라오 코-캉 데키마스까]
05	수건을 교환할 수 있을까요?	タオルを 交換 できますか。 [타오루오 코-캉 데키마스까]
06	다른 음료로 교환할 수 있을까요?	他の 飲み物に 交換 できますか。 [호카노 노미모노니 코-캉 데키마스까]
07	컵 교환할 수 있을까요?	コップを 交換 できますか。 [콥뿌오 코-캉 데키마스까]

공항 교통 숙소 길거리 식당 이자카야 쇼핑 관광지 위급

공항, 역 등에서 열차 티켓을 구매할 때

A : 次の列車のチケットに 交換 できますか。
[츠기노 렛샤노 치켓토니 코-캉 데키마스까]
다음 열차 티켓으로 교환할 수 있을까요?

B : 一時間後に なりますが、大丈夫ですか。
[이치지캉 고니 나리마스가, 다이죠-부데스까]
1시간 후가 되는데 괜찮을까요?

08	이거 교환할 수 있을까요?	これ 交換 できますか。 [코레 코-캉 데키마스까]
09	자리 교환할 수 있을까요?	席を 交換 できますか。 [세키오 코-캉 데키마스까]
10	어제 샀는데 교환할 수 있을까요?	昨日 買ったんですが 交換 できますか。 [키노- 캇탄데스가 코-캉 데키마스까]
11	영수증 없이 교환할 수 있을까요?	レシート なしで 交換 できますか。 [레시-토 나시데 코-캉 데키마스까]
12	좀 더 큰 사이즈로 교환할 수 있을까요?	もっと 大きい サイズに 交換 できますか。 [못토 오-키- 사이즈니 코-캉 데키마스까]
13	다른 색상으로 교환할 수 있을까요?	他の 色に 交換 できますか。 [호카노 이로니 코-캉 데키마스까]
14	상품을 개봉했는데 교환할 수 있을까요?	商品を 開封したんですが 交換 できますか。 [쇼-힝오 카이후-시탄데스가 코-캉 데키마스까]

かかります(か)。

걸려요.[걸리나요?]

시간이나 비용이 얼마나 필요한지 물어볼 때 쓸 수 있는 표현이에요. 주로 앞에 "도노 쿠라이(どの くらい, 얼마나)"가 붙습니다. 순조로운 여행을 위해 일정을 계산하기 위해서는 필수인 표현이니 외워두세요. 또 비용이 얼마나 드는지 물어볼 때도 쓸 수 있어요.

01	24번 게이트까지는 얼마나 걸리나요?	24番 ゲートまでは どのくらい かかりますか。 [니쥬-욘방 게-토마데와 도노쿠라이 카카리마스까]
02	우메다역까지는 얼마나 걸리나요?	梅田駅までは どのくらい かかりますか。 [우메다에키마데와 도노쿠라이 카카리마스까]
03	목적지까지 몇 분 정도 걸리나요?	目的地まで 何分 くらい かかりますか。 [모쿠테키치마데 난뽕 쿠라이 카카리마스까]
04	이 주소까지 얼마 정도 드나요?	この 住所まで いくら くらい かかりますか。 [코노 쥬-쇼마데 이쿠라 쿠라이 카카리마스까]
05	아키하바라역까지는 30분 정도 걸려요.	秋葉原駅までは 30分 くらい かかります。 [아키하바라에키마데와 산쥽뽕 쿠라이 카카리마스]
06	숙박세* 200엔 듭니다.	宿泊税 200円 かかります。 [슈쿠하쿠제- 니햐쿠엔 카카리마스]
07	따로 청소 요금이 드나요?	別に 掃除 料金が かかりますか。 [베츠니 소-지 료-킹가 카카리마스까]

* 교토의 호텔에서는 숙박세를 받고 있어요. 보통 200엔에서 400엔 정도로, 호텔 요금과는 별도로 지불해야 해요.

공항　교통　숙소　길거리　식당　이자카야　쇼핑　관광지　위급

길을 물어볼 때나 택시에서 소요시간을 물어볼 때

A : 梅田駅までは どのくらい かかりますか。　　　　우메다역까지 얼마나 걸리나요?
[우메다에키마데와 도노쿠라이 카카리마스까]

B : 20分 くらい かかります。 [니쥬봉 쿠라이 카카리마스]　　20분 정도 걸려요.

08	걸어서 몇 분 정도 걸리나요?	歩いて 何分 くらい かかりますか。 [아루이테 난뿡 쿠라이 카카리마스까]
09	수수료가 드나요?	手数料は かかりますか。 [테스-료-와 카카리마스까]
10	대기시간은 얼마나 걸리나요?	待ち時間は どのくらい かかりますか。 [마치지캉와 도노쿠라이 카카리마스까]
11	주문한 요리가 나오기까지 얼마나 걸리나요?	注文した 料理は 出てくるまで どのくらい かかりますか。 [츄-몬시타 료-리와 데테쿠루마데 도노쿠라이 카카리마스까]
12	지금 주문하면 몇 분 정도 걸리나요?	今 頼んだら 何分 くらい かかりますか。 [이마 타논다라 난뿡 쿠라이 카카리마스까]
13	서비스 사용료가 드나요?	サービスの 利用料は かかりますか。 [사-비스노 리요-료-와 카카리마스까]
14	전부 보는 데 얼마나 걸리나요?	全部 見るのに どのくらい かかりますか。 [젬부 미루노니 도노쿠라이 카카리마스까]

～たいです。・～ほしいです。

～하고 싶어요. / ~하길 바라요.

내가 무언가를 하고 싶을 때에는 ~たいです[타이데스]를 쓰고, 상대가 나에게 무언가를 해주길 바라는 경우에는 ~ほしいです[호시-데스]를 씁니다. 즉, ~たいです[타이데스]는 "~하고 싶다."이고, ~ほしいです[호시-데스]는 "~하기를 바란다."라고 생각하면 돼요. 두 표현 모두 끝에 けど[케도]를 붙이면 더 완곡하게 부탁하는 말투가 됩니다.

01	짐의 무게를 재보고 싶어요.	荷物の 重さを 測って みたいです。 [니모츠노 오모사오 하캇테 미타이데스]
02	예약을 취소하고 싶어요.	予約を キャンセルしたいです。 [요야쿠오 캰세루시타이데스]
03	가능하면 빨리 가고 싶어요.	できれば 早く いきたいです。 [데키레바 하야쿠 이키타이데스]
04	신주쿠역에 가고 싶어요.	新宿駅に いきたいんです。 [신주쿠에키니 이키타인데스]
05	짐을 맡기고 싶어요.	荷物を 預けたいんです。 [니모츠오 아즈케타인데스]
06	젊은 사람에게 인기 있는 곳을 알고 싶어요.	若い 人に 人気が ある 場所が 知りたいです。 [와카이 히토니 닌키가 아루 바쇼가 시리타이데스]
07	번화가에 가고 싶어요.	繁華街に いきたいです。 [항카가이니 이키타이데스]

공항 교통 숙소 길거리 식당 이자카야 쇼핑 관광지 위급

화장품 가게에서

A : 他の 色が 見たいです。 [호카노 이로가 미타이데스]　　다른 색상이 보고 싶어요.

B : この 製品の カラー ライン アップは こちらに なります。　　이 제품의 색상 라인업은 이렇게
[코노 세-힝노 카라- 라잉앗푸와 코치라니 나리마스]　　있습니다.

08	구제 옷 가게를 구경하고 싶어요.	古着屋さんを 見たいです。 [후루기야상오 미타이데스]	
09	원을 엔으로 환전하고 싶어요.	ウォンを 円に 両替したいです。 [웡오 엔니 료-가에시타이데스]	
10	가벼운 것이 먹고 싶어요.	軽い ものが 食べたいです。 [카루이 모노가 타베타이데스]	
11	3명 예약하고 싶어요.	3人で 予約したいです。 [산닌데 요야쿠시타이데스]	
12	친구가 되고 싶어요.	友達に なりたいです。 [토모타치니 나리타이데스]	
13	조금 더 큰 사이즈를 원해요.	もっと 大きい サイズが ほしいです。 [못토 오-키- 사이즈가 호시-데스]	
14	이것의 이름을 알고 싶어요.	これの 名前が 知りたいです。 [코레노 나마에가 시리타이데스]	

わかりません。

모르겠어요.

무언가가 헷갈리거나 몰라서 질문할 때 쓸 수 있는 표현이에요. 생각을 해봤는데 답이 안 나온다거나 이해되지 않을 때, 원래 알고 있었는데 잊어버렸거나 생각이 안 나서 모를 때 사용하세요.

01	탑승구를 모르겠어요.	搭乗口が わかりません。 [토-죠-구치가 와카리마셍]
02	공항버스의 정류장을 모르겠어요.	空港バスの 乗り場が わかりません。 [쿠-코-바스노 노리바가 와카리마셍]
03	시부야역까지 가는 법을 모르겠어요.	渋谷駅までの 行き方が わかりません。 [시부야에키마데노 이키카타가 와카리마셍]
04	이 티켓을 어떻게 쓰는지 모르겠어요.	この チケットの 使い方が わかりません。 [코노 치켓토노 츠카이카타가 와카리마셍]
05	전철 갈아타는 법을 모르겠어요.	電車の 乗り換えが わかりません。 [덴샤노 노리카에가 와카리마셍]
06	와이파이 비밀번호를 모르겠어요.	Wi-Fiの パスワードが わかりません。 [와이화이노 파스와-도가 와카리마셍]
07	에어컨을 어떻게 쓰는지 모르겠어요.	エアコンの 使い方が わかりません。 [에아콩노 츠카이카타가 와카리마셍]

| 공항 | 교통 | 숙소 | 길거리 | 식당 | 이자카야 | 쇼핑 | 관광지 | 위급 |

공항에서

A : 搭乗口が わかりません。[토-죠-구치가 와카리마셍]　　탑승구를 모르겠어요.

B : 飛行機の チケットを お見せ ください。　　비행기 티켓을 보여 주세요.
[히코-키노 치켓토오 오미세 쿠다사이]

08	타케시타 거리까지 어떻게 가는지 모르겠어요.	竹下通りまで どうやって 行くのか わかりません。 [타케시타도-리마데 도-얏테 이쿠노까 와카리마셍]
09	(간판을 보며) 한자는 잘 모르겠어요.	漢字は よく わかりません。 [칸지와 요쿠 와카리마셍]
10	(목적지를 보여주며) 여기까지 어떻게 가는지 모르겠어요.	ここまで どうやって 行くのか わかりません。 [코코마데 도-얏테 이쿠노까 와카리마셍]
11	이름은 잘 모르겠어요.*	名前は よく わかりません。 [나마에와 요쿠 와카리마셍]
12	사용법을 잘 모르겠어요.	使い方が よく わかりません。 [츠카이카타가 요쿠 와카리마셍]
13	어디서 잃어버렸는지 잘 모르겠어요.	どこで なくしたのか よく わかりません。 [도코데 나쿠시타노까 요쿠 와카리마셍]
14	어디서 도난당했는지 모르겠어요.	どこで 盗まれたのか わかりません。 [도코데 누스마레타노까 와카리마셍]

* 찾는 물건의 이름은 모르고 사진은 가지고 있을 때, 점원에게 사진을 보여주며 쓸 수 있는 표현이에요.

なくしました。・わすれました。

잃어버렸어요. / 잊어버렸어요.

가지고 있던 물건을 잃어버렸거나 없어졌을 때 쓸 수 있어요. 여행 중 휴대폰이나 가방, 지갑이 없어지면 패닉 상황이 올 수 있으니 당황하지 않도록 미리 외워 가면 좋습니다. 동행한 사람과 떨어지게 됐을 때는 "하구레마시타(逸れました, 놓쳤어요.)"라고 하고, 길을 잃었을 땐 "미치니 마욧테 시마이마시타(道に迷ってしまいました, 길을 잃었어요.)", 도둑 맞았을 땐 "누스마레마시타(盗まれました, 도둑 맞았어요.)"라고 하니 함께 기억해 두세요.

01	탑승권을 잃어버렸어요.	搭乗券を なくしました。 [토-죠-켕오 나쿠시마시타]
02	제 파스모(교통카드) 를 잃어버렸어요.	私の パスモを なくしました。 [와타시노 파스모오 나쿠시마시타]
03	가방을 잃어버렸어요.	カバンを なくしました。 [카방오 나쿠시마시타]
04	방 열쇠를 잃어버렸어요.	部屋の 鍵を なくしました。 [헤야노 카기오 나쿠시마시타]
05	방의 카드키를 잃어버렸어요.	部屋の カードキーを なくしました。 [헤야노 카-도키-오 나쿠시마시타]
06	와이파이 비밀번호를 잊어버렸어요.	Wi-Fiの パスワードを わすれました。 [와이화이노 파스와-도오 와스레마시타]
07	휴대폰을 잃어버렸어요.	スマホを なくしました。 [스마호오 나쿠시마시타]

| 공항 | 교통 | 숙소 | 길거리 | 식당 | 이자카야 | 쇼핑 | 관광지 | 위급 |

관광지에서 티켓을 잃어버렸을 때

A : 入場券を なくしました。 [뉴-죠-켕오 나쿠시마시타]　　　　　　입장권을 잃어버렸어요.

B : 予約した 方の お名前を 教えて ください。　　　　예약하신 분의 성함을 알려 주세요.
[요야쿠시타 카타노 오나마에오 오시에테 쿠다사이]

08	**보조 배터리를** 잃어버렸어요.	モバイルバッテリーを なくしました。 [모바이루 밧떼리-오 나쿠시마시타]
09	**길을** 잃어버렸어요.	道に 迷って しまいました。 [미치니 마욧테 시마이마시타]
10	**일행을 놓쳤어요.**	一行と 逸れました。 [잇코-토 하구레마시타]
11	**입장권을** 잃어버렸어요.	入場券を なくしました。 [뉴-조-켕오 나쿠시마시타]
12	**티켓을** 잃어버렸어요.	チケットを なくしました。 [치켓토오 나쿠시마시타]
13	**지갑을** 잃어버렸어요.	財布を なくしました。 [사이후오 나쿠시마시타]
14	**여권을** 잃어버렸어요.	パスポートを なくしました。 [파스포-토오 나쿠시마시타]

連れていって もらえますか。

데려다주실 수 있나요?

말로 설명을 들어도 모르겠거나 혼자서 찾아가기에 도저히 어려운 경우, 함께 가달라고 부탁할 때 쓰는 말이에요. 또 긴급한 상황이 생겨 경찰서나 병원을 가야 할 때도 도움이 되는 표현이니 꼭 알아두세요. 앞에 "모시 요케레바(もし よければ, 혹시 괜찮으시면)"를 붙이면 정중하게 부탁하는 표현이 돼요.

01	수하물 찾는 곳까지 데려다주실 수 있나요?	手荷物受け取り所まで 連れていって もらえますか。 [테니모츠 우케토리쇼마데 츠레테잇테 모라에마스까]
02	게이트까지 데려다주실 수 있나요?	ゲートまで 連れていって もらえますか。 [게-토마데 츠레테잇테 모라에마스까]
03	갈아타는 곳까지 데려다주실 수 있나요?	乗り換えする ところまで 連れていって もらえますか。 [노리카에스루 토코로마데 츠레테잇테 모라에마스까]
04	북쪽 중앙 출구까지 데려다주실 수 있나요?	北中央 出口まで 連れていって もらえますか。 [키타쮸-오 데구치마데 츠레테잇테 모라에마스까]
05	이 출구까지 데려다주실 수 있나요?	この 出口まで 連れていって もらえますか。 [코노 데구치마데 츠레테잇테 모라에마스까]
06	이 호텔까지 데려다주실 수 있나요?	この ホテルまで 連れていって もらえますか。 [코노 호테루마데 츠레테잇테 모라에마스까]
07	버스 정류장까지 데려다주실 수 있나요?	バス停まで 連れていって もらえますか。 [바스테마데 츠레테잇테 모라에마스까]

공항　　교통　　숙소　　길거리　　식당　　이자카야　　쇼핑　　관광지　　위급

분실물 센터를 찾아갈 때

🗣 **A** : お忘れ物センターに 連れていって もらえますか。　　분실물 센터에 데려다주실 수 있나요?
　　[오와스레모노센타-니 츠레테잇테 모라에마스까]

🧍 **B** : はい、付いてきて ください。[하이, 츠이테키테 쿠다사이]　　네, 따라와 주세요.

08 🚋	**난카이난바역까지** 데려다주실 수 있나요?	南海難波駅まで 連れていって もらえますか。 [난카이난바에키마데 츠레테잇테 모라에마스까]
09 🚋	**코인 로커까지** 데려다주실 수 있나요?	コインロッカーまで 連れていって もらえますか。 [코인록카-마데 츠레테잇테 모라에마스까]
10 🚋	**여기에서 가까우면** 데려다주실 수 있나요?	ここから 近ければ 連れていって もらえますか。 [코코까라 치카케레바 츠레테잇테 모라에마스까]
11 🚋	**여행안내소까지** 데려다주실 수 있나요?	旅行案内所まで 連れていって もらえますか。 [료코-안나이쇼마데 츠레테잇테 모라에마스까]
12 🚨	**분실물 센터까지** 데려다주실 수 있나요?	お忘れ物センターまで 連れていって もらえますか。 [오와스레모노센타-마데 츠레테잇테 모라에마스까]
13 🚨	**병원까지** 데려다주실 수 있나요?	病院まで 連れていって もらえますか。 [뵤-인마데 츠레테잇테 모라에마스까]
14 🚨	**경찰서까지** 데려다주실 수 있나요?	警察署まで 連れていって もらえますか。 [케-사츠쇼마데 츠레테잇테 모라에마스까]

PART 2

실전에서는
이렇게 쓰자!
실제 상황 40

🎧 MP3 듣기

입국 심사

공항

Do 최근에는 전자식 입국 심사로 바뀌어 비교적 입국 수속이 빠르게 진행됩니다. 여권, 출입국 신고서, 세관 신고서를 준비해 外国人(외국인)이라고 적힌 입국 심사대에 줄을 서면 돼요. 입국 규제가 완화되면서 Visit Japan Web에 등록해두지 않아도 입국은 가능하지만, 빠른 입국 수속을 원하는 경우 사전에 등록 해두는 걸 추천해요.

Don't 인터넷 연결이 안 될 수도 있으니 중요한 정보는 미리 캡처해 둡시다!

현지에서 당신이 **듣는 말** 🎧	현지에서 당신이 **하는 말** 👄

[파스포-토오 미세테 쿠다사이]
パスポートを 見せて ください。
여권을 보여 주세요.

[하이, 도-조]
はい、どうぞ。
네, 여기요.

[호-몬노 모쿠테키와 난데스까]
訪問の 目的は なんですか。
방문 목적은 무엇인가요?

[캉꼬-데스]
観光です。
관광입니다.

[난메-사마데 이랏샤이마시타까]
何名様で いらっしゃいましたか。
몇 명이서 오셨나요?

[히토리 데스]
一人*です。
한 명이요.

[도노 쿠라이 타이자이 요테-데스까]
どの くらい 滞在 予定ですか。
어느 정도 머무를 예정인가요?

[삼파쿠 욧카데스]
3泊4日です。
3박 4일입니다.

[하이, 도-조]
はい、どうぞ。
(여권을 돌려주며) 네, 여기 있습니다.

* 후타리(二人, 두 명) / 산닌(三人, 세 명) / 요닌(四人, 네 명) / 고닌(五人, 다섯 명)

수하물 찾기

Do 입국 심사를 마친 후 화살표로 표시된 통로를 따라 쭉 나오면 수하물 찾는 곳이 나옵니다. 여러 공항에서 온 비행기와 겹칠 때가 많으니, 공항이나 항공편명을 잘 확인해서 기다립시다.

Don't 생각보다 비슷한 캐리어가 많기 때문에 잘못 들고가지 않게 주의하세요. 특이한 모양의 네임태그를 달거나 손수건 등을 걸어두면 빠르게 찾을 수 있습니다.

현지에서 당신이 **하는 말** 👄	현지에서 당신이 **듣는 말**

[니모츠와 도코데스까]
荷物は どこですか。
수하물은 어디서 찾나요?

[도노 쿠-코-카라 이랏샤이마시타까]
どの 空港から いらっしゃいましたか。
어느 공항에서 오셨나요?

[인천쿠-코-데스]
仁川空港です。
인천공항입니다.

[삼방 콤베아-데 오마치 쿠다사이]
3番 コンベアで お待ち ください。
3번 컨베이어에서 기다려 주세요.

...

[와타시노 니모츠가 미츠카리마셍]
私の 荷物が 見つかりません。
제 짐이 보이지 않아요.

[돈나 카방데스까]
どんな カバンですか。
어떤 가방인가요?

[구레-이로노 스-츠케-스데스]
グレー色の スーツケースです。
회색 캐리어입니다.

탑승 수속하기

Do　항공권을 구매할 때 설정된 위탁 수하물 무게를 초과하면 kg당 만 원 정도가 추가되기 때문에 잘 확인해야 해요. 공항 곳곳에 위치한 저울에 재볼 수 있습니다. 짐의 무게가 초과됐을 경우, 쇼핑백이나 기내 수하물로 옮기는 것도 좋은 방법이에요!

Don't　휴대용 보조 배터리, 휴대전화, 노트북 등은 위탁 수하물에 넣으면 안 되니 반드시 기내에 가지고 들어가야 해요.

현지에서 당신이 듣는 말 👂	현지에서 당신이 하는 말 👄
[치켓토오 오미세 쿠다사이] **チケットを お見せ ください。** 티켓을 보여 주세요.	
	[하이 도-조] **はい、どうぞ。** 네, 여기요.
[오니모츠와 난꼬데스까] **お荷物は 何個ですか。** 짐은 몇 개인가요?	
	[히토츠데스] **一つです。** 하나예요.
[오니모츠노 나카니 라이타-, 밧테리- 나도와 아리마스까] **お荷物の 中に ライター、バッテリー などは ありますか。** * 짐 안에 라이터, 배터리 등이 있나요?	
	[나이데스] **ないです。** 없어요.
[니쥬-고방 게-토카라 고토-죠- 쿠다사이] **25番 ゲートから ご搭乗 ください。** 25번 게이트에서 탑승해 주세요.	
	[아리가토-고자이마스] **ありがとうございます。** 감사합니다.

* 위탁 수하물 규정에 라이터, 리튬 배터리, 스프레이 등은 금지되어 있어요!

비행기를 놓쳤을 때

Do 보통 비행기 출발 1시간 전에 탑승 수속을 마감하니 시간 여유를 가지고 공항에 도착하도록 하세요. 뜻하지 않게 늦게 도착하거나 시간을 확인하지 못한 경우 예약 대기자 명단에 이름을 올려서 다음 비행기편에 빈자리가 났을 때 탑승하거나 항공권을 새로 구입해서 탑승해야 해요.

Don't 항공기는 날씨의 영향을 많이 받기 때문에 지연되거나 취소되는 경우가 있어요. 그러니 겨울철이나 기상 상황이 안 좋은 시기에 여행을 간다면, 비행기 간의 탑승 시간을 여유 있게 예매하는 것이 좋아요.

현지에서 당신이 **하는 말** 👄	현지에서 당신이 **듣는 말** 👂
[스미마셍, 치코쿠시테 히코-키니 노레마셍데시타] **すみません、 遅刻して 飛行機に 乗れませんでした。** 저기요, 늦어서 비행기에 못 탔어요.	
	[호카노 지캉니 헨코-스루카, 헨킹시타 아토 사이코-뉴-스루코토가 데키마스가, 도- 나사이마스까] **他の 時間に 変更するか、 返金した 後 再購入することが できますが、 どう なさいますか。** 다른 시간으로 변경하거나, 환불한 후 재구매하는 게 가능한데 어떻게 하시겠어요?
[이치방 하야이 코-쿠-빙와 난지니 아리마스까] **一番 早い 航空便は 何時に ありますか。** 제일 빠른 항공편은 몇 시에 있나요?	
	[니지캉 고데 고자이마스] **二時間 後で ございます。** 2시간 후에 있습니다.
[소노 코-쿠-빙니 헨코-시테 쿠다사이] **その 航空便に 変更して ください。** 그 항공편으로 변경해 주세요.	
	[하이, 카시코마리마시타] **はい、 かしこまりました。** 네, 알겠습니다.

버스 타기

교통

Do 일본의 버스는 지역별로 탑승하는 문의 위치와 요금이 다르므로 미리 확인하는 게 좋아요.

Don't 일본 사람들은 버스에서 통화를 하지 않는 편이니 유의합시다.

현지에서 당신이 **하는 말** 👄	현지에서 당신이 **듣는 말** 👂

[스미마셍, 코노 바스 신주쿠코-엔 이키마스까]
すみません、このバス 新宿公園 行きますか。
저기요, 이 버스 신주쿠공원 가나요?

[하이, 이키마스]
はい、行きます。
네, 갑니다.

...

[스스키노마데와 이쿠라데스까]
すすきの*まではいくらですか。
스스키노까지는 얼마인가요?

[센햐쿠엔데 고자이마스]
1,100円でございます。
1,100엔입니다.

[츠기노 슛파츠 지캉와 난지데스까]
次の 出発 時間は 何時ですか。
다음 출발 시간은 몇 시인가요?

[산줍뿡 고데스]
30分 後です。
30분 후입니다.

[소레데 니마이 오네가이시마스]
それで 2枚 お願いします。
그걸로 두 장 부탁드려요.

* 스스키노는 삿포로의 번화가로 맛집과 볼거리들이 많은 지역이에요.

2_06.mp3

기차, 전철 타기

Do 　일본은 열차 문화가 발달되어 있어서 기차를 이용한 여행도 추천해요. 기차역에서 구매할 수 있는 도시락인 '에키벤'도 즐겨 보세요.

Don't 　일본은 전철 노선 간에도 회사가 다르면 무료 환승이 안 되니 유의합시다.

교통

현지에서 당신이 **하는 말**	현지에서 당신이 **듣는 말**
[쿄-토유키 하루카오 이치마이 쿠다사이] **京都行き はるか*を 一枚 ください。** 교토행 하루카(티켓)를 한 장 주세요.	
	[난지 슛파츠노 렛샤니 나사이마스까] **何時 出発の 列車に なさいますか。** 몇 시 출발 열차로 하시겠습니까?
[이치방 하야이 지캉와 난지데스까] **一番 早い 時間は 何時ですか。** 제일 빠른 시간은 몇 시인가요?	
	[산줍뽕 고니 나리마스] **30分 後に なります。** 30분 후입니다.
[난지캉 쿠라이 카카리마스까] **何時間 くらい かかりますか。** 몇 시간 정도 걸리나요?	
	[이치지캉 쿠라이 카카리마스] **一時間 くらい かかります。** 1시간 정도 걸려요.
[마도가와노 세키데 오네가이시마스] **窓側の 席で お願いします。** 창가 쪽 자리로 부탁드려요.	

* 하루카는 간사이 국제공항과 오사카, 교토를 이어주는 특급 열차예요. 일반 전철보다 빠르고 편하게 갈 수 있습니다.

택시 타기

Do 구글 맵 등에서 택시 가격도 미리 확인할 수 있고 택시 앱으로 잡을 수도 있어요. 일본은 택시비가 비싸기 때문에 미리 예상 요금을 확인하고 타는 걸 추천해요.

Don't 일본의 택시는 자동문이에요. 내리고 탈 때 습관적으로 문을 열거나 닫지 않도록 주의해야 해요. 자칫하면 문이 고장 날 수도 있답니다.

현지에서 당신이 **듣는 말** 🎧	현지에서 당신이 **하는 말** 👄

[도치라마데 이랏샤이마스까]
どちらまで いらっしゃいますか。
어디까지 가시나요?

[캬나루시티-마데 오네가이시마스]
キャナルシティ＊まで お願いします。
캐널시티까지 부탁드려요.

[하이, 카시코마리마시타]
はい、かしこまりました。
네, 알겠습니다.

(목적지 근처에 도착한 후)

[코코데 오로시테 쿠다사이]
ここで 降ろして ください。
여기서 내려 주세요.

[코노 오-단호도-노 마에데 요로시이데스까]
この 横断歩道の 前で よろしいですか。
이 횡단보도 앞에서 내려드리면 될까요?

[하이, 이쿠라데스까]
はい、いくらですか。
네, 얼마인가요?

[니센엔니나리마스]
２千円になります。
2,000엔입니다.

＊ 후쿠오카에 위치한 대형 복합 쇼핑센터로 다양한 브랜드 매장과 레스토랑, 엔터테인먼트 시설이 있어요.

체크인 하기

Do 일본 호텔의 체크인은 대부분 오후 2~4시부터입니다. 대부분의 호텔이 체크인 시간 전이어도 짐은 맡아 주므로 일찍 도착했거나 짐이 많은 경우 이용해 보세요.

Don't 카드키나 열쇠를 잃어버리는 경우가 많아 외출할 때 프런트에 맡겨 달라고 요청하는 경우가 많습니다.

숙소

현지에서 당신이 **하는 말**	현지에서 당신이 **듣는 말**
[첵쿠잉노 마에니 니모츠오 아즈케타인데스가…] **チェックインの 前に 荷物を 預け たいんですが…。** 체크인 전에 짐을 맡기고 싶은데요….	
	[하이, 오아즈카리이타시마스] **はい、お預かり致します。** 네, 맡아드리겠습니다.

…

[첵쿠잉 오네가이시마스] **チェックイン お願いします。** 체크인 부탁드려요.	
	[오나마에오 오네가이시마스] **お名前を お願いします。** 성함을 말씀해 주세요.
[이도연데스] **イ・ドヨンです。** 이도연입니다.	
	[카쿠닝이타시마시타. 파스포-토오 오네가이 시마스] **確認いたしました。パスポートを お願いします。** 확인됐습니다. 여권 부탁드립니다.
[첵쿠아우토와 난지데스까] **チェックアウトは 何時ですか。** 체크아웃은 몇 시인가요?	
	[첵쿠아우토와 고젠 쥬-이치지마데데스] **チェックアウトは 午前11時までです。** 체크아웃은 오전 11시까지입니다.

룸서비스 이용하기

Do 2박 이상 머무는 경우, 침구 위에 청소 또는 침구 교체를 요청하는 문구가 적힌 팻말을 올려두지 않으면 환경을 위해 침구 교환을 하지 않는 호텔이 늘어나고 있어요. 객실 테이블 등에 팻말이 있는 경우에는 본인의 상황에 맞게 적절히 이용하세요. 비즈니스호텔의 경우 냉장고에 음료가 없을 수도 있으니 미리 사가는 걸 추천해요.

숙소

| 현지에서 당신이 하는 말 | 현지에서 당신이 듣는 말 |

[타오루오 못토 모라에마스까]
タオルを もっと もらえますか。
수건을 더 받을 수 있나요?

[카시코마리마시타. 헤야니 오모치이타시마스. 난고-시츠데쇼-까]
かしこまりました。部屋に お持ち いたします。何号室でしょうか。
알겠습니다. 방으로 가져다드릴게요. 몇 호실이세요?

[로쿠마루욘고-시츠데스]
604号室です。
604호실입니다.

...

[산마루이치고-시츠데스가, 유-쇼쿠오 츄-몽 시타이데스]
301号室ですが、夕食を 注文した いです。
301호실인데, 저녁식사를 주문하고 싶어요.

[고츄-몽와 나니니 나사이마스까]
ご注文は 何に なさいますか。
주문은 어떤 걸로 하시겠습니까?

기타 서비스 이용하기

Do 최근에는 환경 문제로 면도기, 빗 등의 어메니티를 호텔 로비에서 가져가는 형태로 바뀌고 있어요. 두 번 걸음하지 않도록 체크인 할 때 확인하고 본인에게 필요한 만큼 가져가면 돼요. 어메니티의 종류로는 빗, 면도기, 칫솔, 화장솜, 면봉 등이 있습니다.

숙소

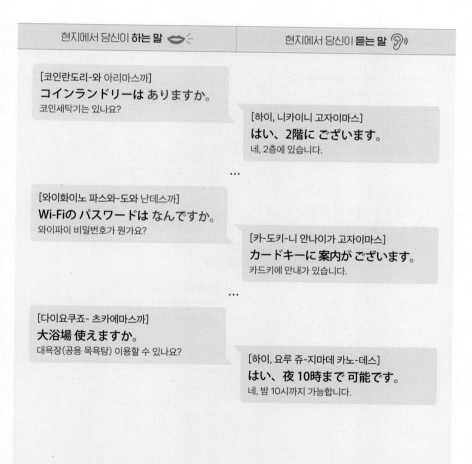

현지에서 당신이 **하는 말** 👄

[코인란도리-와 아리마스까]
コインランドリーは ありますか。
코인세탁기는 있나요?

현지에서 당신이 **듣는 말** 👂

[하이, 니카이니 고자이마스]
はい、2階に ございます。
네, 2층에 있습니다.

...

[와이화이노 파스와-도와 난데스까]
Wi-Fiの パスワードは なんですか。
와이파이 비밀번호가 뭔가요?

[카-도키-니 안나이가 고자이마스]
カードキーに 案内が ございます。
카드키에 안내가 있습니다.

...

[다이요쿠죠- 츠카에마스까]
大浴場 使えますか。
대욕장(공용 목욕탕) 이용할 수 있나요?

[하이, 요루 쥬-지마데 카노-데스]
はい、夜 10時まで 可能です。
네, 밤 10시까지 가능합니다.

전화 예약 부탁하기

Do 식당에 예약 전화를 하고 싶은데 사정이 여의치 않은 경우 호텔 프런트에 예약 전화를 부탁할 수 있습니다. 단, 되는 호텔이 있고 안 되는 호텔이 있으니까 사전에 문의하는 게 좋아요. 하고 싶은 말을 번역기를 이용해 메모장에 적어둔 후 호텔 점원에게 보여주면 더 정확하게 전달할 수 있어요.

Don't 객실에 놓인 전화기를 사용하면 체크아웃 할 때 통화료가 청구돼요. 꽤 비싸기 때문에 신중하게 사용하도록 합시다.

숙소

현지에서 당신이 하는 말 👄	현지에서 당신이 듣는 말 👂

[스미마셍, 쇼쿠도-노 요야쿠 뎅와오 오네가이시테모 이-데스까]
すみません、 食堂の 予約 電話を お願いしても いいですか。
죄송한데, 식당의 예약 전화를 부탁드려도 될까요?

[하이, 다이죠-부데스]
はい、 大丈夫です。
네, 괜찮습니다.

[코노 메모노 토-리니 오네가이시마스]
この メモの 通りに お願いします。
(적어 둔 메모를 보여주며)
이 메모대로 부탁드려요.

(전화가 끝난 후)

[요야쿠 데키마시타]
予約 できました。
예약 완료했습니다.

[혼토-니 아리가토-고자이마스]
本当に ありがとうございます。
정말 감사합니다.

문제 해결하기

Do   욕조를 이용할 때는 커튼을 욕조 안으로 치는 게 좋아요. 욕조 바깥으로 커튼을 치게 될 경우 커튼을 따라 흐르는 물이 밖으로 새서 화장실 전체에 물이 고일 수 있어요.

Don't   카드키를 잃어버릴 경우 비용이 청구되니 잘 챙겨야 해요. 열쇠의 경우에는 잃어버리면 비용이 만만치 않으니 외출 시 카운터에 맡기는 걸 추천해요.

숙소

현지에서 당신이 **하는 말** 👄	현지에서 당신이 **듣는 말** 🎧

[헤야니 카-도키-오 오이테 데테시맛탄데스케도]

部屋に カードキーを 置いて 出て しまったんですけど。

방에 카드 키를 두고 나와버렸는데요.

[난고-시츠데스까]

何号室ですか。

몇 호실인가요?

[용이치로쿠고-시츠데스]

416号室です。

416호실입니다.

[스페아키-오 쥰비이타시마스노데 쇼-쇼- 오마치 쿠다사이]

スペアキーを 準備致しますので、少々 お待ち ください。

스페어 키를 준비해 드릴 테니 잠시만 기다려주세요.

...

[헤야노 오유가 데마셍]

部屋の お湯が 出ません。

방에 온수가 안 나와요.

[카카리인가 마이리마스노데 시바라쿠 오마치 쿠다사이]

係員が 参りますので しばらく お待ち ください。

직원이 갈 테니 잠시만 기다려 주세요.

료칸에서

Do 교토의 경우 200엔에서 400엔의 숙박세가 부과되니 기억해 두세요. 예약을 할 때 조식이 포함되어 있는지도 확인하세요. 숙박료에 포함되어 있는 료칸도 있고 별도로 결제해야 하는 료칸도 있습니다.

Don't 료칸 안에 있는 온천은 그종류에 따라 이용시간, 가격 등이 다르기 때문에 사전에 문의하는 것이 좋아요.

숙소

| 현지에서 당신이 하는 말 👄 | 현지에서 당신이 듣는 말 👂 |

[쵸-쇼쿠와 후쿠마레테이마스까]
朝食は 含まれていますか。
조식은 포함되어 있나요?

[쵸-쇼쿠와 츠이카노 오시하라이가 히츠요-데고자이마스]
朝食は 追加の お支払いが 必要で ございます。
조식은 추가 결제가 필요합니다.

[소레데와 쵸-쇼쿠노 시하라이오 오네가이시마스]
それでは 朝食の 支払いを お願いします。
그럼 조식의 결제 부탁드립니다.

[카시코마리마시타. 니센엔데고자이마스]
かしこまりました。2千円でございます。
알겠습니다. 2,000엔입니다.

...

[온센와 이츠마데 리요- 데키마스까]
温泉は いつまで 利用 できますか。
온천은 언제까지 이용할 수 있나요?

[다이요쿠쵸-와 고고 쥬-지마데데, 카조쿠유와 레-지마데토낫테오리마스]
大浴場は 午後10時までで、家族湯は 0時*までとなっております。
대욕장(공용 목욕탕)은 오후 10시까지고, 가족탕은 0시까지입니다.

---

* 일본은 우리나라와 달리 24시간 형식을 사용하므로 밤 12시 정각을 0시라고 표현하는 경우가 있습니다.

게스트하우스에서

Do 게스트하우스는 비교적 저렴한 가격에 머물 수 있고 다른 나라에서 온 여행객이나 현지인들과도 어울릴 수 있어 특별한 기억을 만들 수 있는 장점이 있어요. 남녀 혼숙인 곳도 있고 그렇지 않은 곳도 있으니 예약할 때 꼭 확인하세요.

Don't 게스트하우스는 통금 시간이 있는 경우가 꽤 있습니다. 늦지 않게 시간을 꼭 기억해 두세요.

숙소

현지에서 당신이 **하는 말** 👄<	현지에서 당신이 **듣는 말** 👂))

[몽겡가 아리마스까]

門限が ありますか。

통금이 있나요?

[하이, 몽겡와 요루 쥬-니지데스노데 고쮸-이 쿠다사이]

はい、門限は 夜 12時ですので ご注意 ください。

네, 통금은 밤 12시이니 주의해 주세요.

[샤와-루-무와 난지마데 츠카에마스까]

シャワールームは 何時まで 使えますか。

샤워실은 몇 시까지 쓸 수 있나요?

[오나지쿠 요루 쥬-니지마데데스]

同じく 夜 12時までです。

똑같이 밤 12시까지입니다.

...

[센타쿠 데키마스까]

洗濯 できますか。

세탁할 수 있나요?

[하이, 데키마스. 센타쿠시츠와 요루 쥬-이치지마데 츠카에마스]

はい、できます。洗濯室は 夜 11時まで 使えます。

네, 됩니다. 세탁실은 밤 11시까지 사용 가능합니다.

길을 찾을 때

Do   지도에도 자세히 나오지 않는 곳이거나 찾기가 어려운 상황에서는 지나가는 사람들에게 물어보는 게 가
장 빨라요. 겁내지 말고 물어보세요. 먼저, "스미마셍(すみません, 저기요)"이라고 말을 걸면 됩니다.

길
거
리

현지에서 당신이 **하는 말** 👄	현지에서 당신이 **듣는 말** 👂

[스미마셍, 미치니 마욧테 시마이마시타]
すみません、道に迷ってしまいました。
실례합니다, 길을 잃어버렸어요.

[덴덴타운니 이코-토 시테룬데스케도…]
**でんでんタウン*に 行こうと して
るんですけど…。**
덴덴타운에 가려고 하는데요….

[도레쿠라이 카카리마스까]
どれくらい かかりますか。
얼마나 걸릴까요?

[도코니 이카레마스까]
どこに 行かれますか。
어디에 가려고 하세요?

[맛스구 잇테 히다리니 마갓테 쿠다사이]
**まっすぐ 行って 左に 曲がって
ください。**
쭉 직진해서 왼쪽으로 꺾으면 돼요.

[아루이테 고훙 쿠라이데스]
歩いて 5分 くらいです。
걸어서 5분 정도예요.

…

[스미마셍. 코노 오미세니 이코-토 시테룬데스
케도, 도노헨데스까]
**すみません。このお店に 行こうと
してるんですけど、どの辺ですか。**
(가게명을 보여주며)
실례합니다. 이 가게에 가려고 하는데요, 어디쯤
인가요?

[아노 에스카레-타-노 우시로니 아리마스]
**あの エスカレーターの 後ろに あ
ります。**
저 에스컬레이터 뒤에 있어요.

* 덴덴타운은 오사카의 전자제품 거리로 각종 게임, 애니메이션, 뽑기 등의 가게가 많아요.

현지인에게 정보 얻기

Do 외국에서 현지인에게 말을 거는 것은 용기가 필요하지만 꼭 해보는 걸 추천해요! 검색으로 나오지 않는 현지인들의 정보를 얻을 수 있어요.

Don't 바로 본론부터 말하기 보다는, "가이코쿠진데스께도(外国人ですけど, 외국인인데요.)"라고 운을 떼는게 좋아요.

길거리

현지에서 당신이 **하는 말**	현지에서 당신이 **듣는 말**
[아노- 스미마셍. 와타시 가이고쿠진데스케도, 촛토 키-테모 다이죠-부데스까] **あの すみません。私 外国人です けど、ちょっと 聞いても 大丈夫で す。** 저기 실례합니다. 저 외국인인데요, 좀 물어봐도 괜찮을까요?	
	[하이, 난데스까] **はい、なんですか。** 네, 무엇인가요?
[사이킹 쿄-토노 와카모노타치가 요쿠 이쿠 노미야가이또까 아리마스까] **最近 京都の 若者たちが よく 行く 飲屋街とか ありますか。** 요즘 교토의 젊은 사람들이 많이 가는 술집 거리 같은 게 있을까요?	
	[노미야가이나라…키야마치도-리니 잇테미테 쿠다사이] **飲屋街なら…木屋町通に 行ってみ てください。** 술집 거리라면… 키야마치도리에 가 보세요.
[아리가또-고자이마스] **ありがとうございます。** 감사합니다.	

음식점 찾기

Do 가려는 식당 정보를 확인할 때 몇 층인지를 잘 확인하고 가야 해요. 또 개찰구 안에 있는 식당도 있으니 헛걸음하지 않게 주의해야겠죠.

Don't 미리 확인했다고 하더라고 그냥 무작정 가는 것보다는 당일에 다시 한번 구글 맵에서 검색하여 영업시간 등을 확인하고 가는 것이 좋아요. 또 구글 맵으로 예약이 가능한 식당은 미리 예약하고 가면 대기하지 않고 식사를 할 수 있어요.

길거리

현지에서 당신이 **하는 말** 🐟	현지에서 당신이 **듣는 말** 👂📣

[아노- 스미마셍가, 소노 아이스 도코데 카이마시타까]

あの すみませんが, その アイス どこで 買いましたか。

저 죄송한데, 그 아이스크림 어디서 사셨나요?

[르타웃테유- 아소코노 오미세데스]

「ルタオ」って いうー あそこの お店です。

「르타오」라고 하는 …저기 가게에요.

...

[코노 헨노 오이시- 오미세오 사가시테룬데스케도…]

この 辺の おいしい お店を 探してるんですけど…。

이 근처에 맛집을 찾고 있는데요….

[돈나 타베모노오 사가시테이마스까]

どんな 食べ物を 探して いますか。

어떤 음식을 찾으세요?

[코노 치-키노 메-부츠오 웃테루 오미세오 사가시테이마스]

この 地域の 名物を 売ってる お店を 探しています。

이 지역의 명물을 팔고있는 가게를 찾고 있어요.

[앗찌노 쇼텐가이노 나카니 라-멘 도-리가 아리마스]

あっちの 商店街の 中に ラーメン 通りが あります。

저쪽 상점가 안에 라멘 거리가 있어요.

예약하기

Do 구글 맵으로 예약이 가능한 가게면 구글 맵으로 예약을 할 수 있고, 전화로만 가능한 곳이면 전화로 예약을 하거나 호텔 프런트에 부탁을 하는 방법도 있어요.

Don't 예약을 하지 않으면 이용할 수 없는 식당도 있으니 미리 알아보고 가는 것이 좋아요.

현지에서 당신이 **하는 말** 🐟	현지에서 당신이 **듣는 말** 👂

[모시모시. 아시타 이코-토 오모운데스케도 요야쿠 데키마스까]
もしもし。明日 行こうと 思うんですけど、予約 できますか。
여보세요. 내일 가려고 하는데요, 예약할 수 있나요?

[하이, 난메-사마데쇼-까]
はい、何名様でしょうか。
네, 몇 분이세요?

[산닌데스]
3人です。
세 명입니다.

[카시코마리마시타. 난지노 고라이텐데스까]
かしこまりました。何時の ご来店 ですか。
확인했습니다. 몇 시 방문이십니까?

[난지니 요야쿠 데키마스까]
何時に 予約 できますか。
몇 시에 예약할 수 있나요?

[고고 시치지카라와 카노-데스]
午後7時からは 可能です。
오후 7시부터는 가능합니다.

[데와 시치지니 오네가이시마스]
では 7時に お願いします。
그럼 7시로 부탁드려요.

식당

* 후타리(二人, 두 명) / 산닌(三人, 세 명) / 요닌(四人, 네 명) / 고닌(五人, 다섯 명)

식사 주문하기

Do   대부분의 식당 메뉴판에는 사진이 붙어 있어서 메뉴를 손으로 가리키며 주문하면 편합니다. 그림이 없을 경우 스마트폰의 사진 번역 기능을 활용해 보세요.

Don't   테이블에 놓인 컵과 비슷하게 생긴 것은 영수증을 꽂아두는 용도일 수 있으니 컵이 맞는지 물어보는 게 좋습니다.

식당

현지에서 당신이 **듣는 말** 👂	현지에서 당신이 **하는 말** 👄
[난메-사마데쇼-까] **何名様でしょうか。** 몇 분이세요?	
	[히토리 데스] **一人*です。** 한 명입니다.
[오스키나 세키니 오카케 쿠다사이] **お好きな 席に お掛け ください。** 편하신 자리에 앉아 주세요.	
	[오스스메노 메뉴- 아리마스까] **おすすめの メニュー ありますか。** 추천하는 메뉴 있나요?
[쿄-와 코치라노 템푸라 모리아와세가 오스스메데스] **今日は こちらの 天ぷら 盛り合わせ が おすすめです。** 오늘은 이 튀김 모둠을 추천합니다.	
	[데와 소레데 오네가이시마스] **では それで お願いします。** 그럼 그걸로 부탁드려요.
[카시코마리마시타. 쇼-쇼- 오마치 쿠다사이] **かしこまりました。少々 お待ち ください。** 알겠습니다. 조금만 기다려 주세요.	

식사할 때

Do 일본에서는 면 요리를 먹을 때 '후루룩' 하고 소리를 내는 게 실례가 되는 행동이 아니에요. 오히려 주방 장에게 맛있다고 건네는 인사가 된답니다.

Don't 일본은 기본적으로 숟가락을 쓰지 않기 때문에 비치되어 있지 않습니다. 필요하다면 점원에게 달라고 요청하세요.

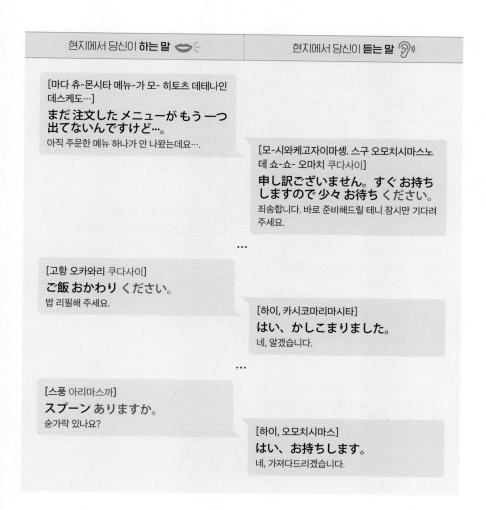

현지에서 당신이 **하는 말** 👄	현지에서 당신이 **듣는 말** 🔊
[마다 츄-몬시타 메뉴-가 모- 히토츠 데테나인 데스케도…] **まだ 注文した メニューが もう 一つ 出てないんですけど…。** 아직 주문한 메뉴 하나가 안 나왔는데요….	
	[모-시와케고자이마셍. 스구 오모치시마스노 데 쇼-쇼- 오마치 쿠다사이] **申し訳ございません。すぐ お持ち しますので 少々 お待ち ください。** 죄송합니다. 바로 준비해드릴 테니 잠시만 기다려 주세요.
…	
[고항 오카와리 쿠다사이] **ご飯 おかわり ください。** 밥 리필해 주세요.	
	[하이, 카시코마리마시타] **はい、かしこまりました。** 네, 알겠습니다.
…	
[스푼 아리마스까] **スプーン ありますか。** 숟가락 있나요?	
	[하이, 오모치시마스] **はい、お持ちします。** 네, 가져다드리겠습니다.

식당

83

음식 포장하기

Do 대기 줄이 길더라도 포장이라면 먼저 받을 수 있는 가게가 있으니, 대기 줄이 길다면 포장을 해서 가져가는 것도 추천해요.

Don't 남은 음식을 포장하는 경우에는 위생 문제로 거절하는 가게도 있으니 사전에 물어보도록 합시다.

식당

현지에서 당신이 **하는 말** 👄	현지에서 당신이 **듣는 말** 👂

[테이크아우토 데키마스까]
テイクアウト できますか。
테이크아웃 되나요?

[하이, 돈나 메뉴-니 나사이마스까]
はい、どんな メニューに なさいますか。
네, 어떤 메뉴로 하시겠어요?

[코레오 후타츠 오네가이시마스]
これを 二つ お願いします。
이걸로 두 개 부탁드립니다.

[하이, 이죠-데 요로시-데스까]
はい、以上で よろしいですか。
네, 더 필요한 것 없으시죠?

[하이, 난풍 쿠라이 카카리마스까]
はい、何分 くらい かかりますか。
네, 몇 분 정도 걸리나요?

[쥬-고훈 쿠라이 카카리마스]
15分 くらい かかります。
15분 정도 걸립니다.

...

(남은 음식을 포장하려 할 때)
[모치카에리타인데스케도, 츠츤데 모라에마스까]
持ち帰りたいんですけど、包んで もらえますか。
가지고 가고 싶은데 싸 주실 수 있나요?

[하이, 스베테데 요로시-데스까]
はい、全てで よろしいですか。
네, 전부 싸 드리면 될까요?

초밥집에서

Do 초밥 가게는 눈앞에서 요리사가 직접 만들기 때문에 메뉴를 말하면 그 자리에서 바로 만들어 주지만, 이
와 달리 회전 초밥 체인점에서는 태블릿으로 주문하면 주방에서 만들어져서 레일을 타고 나옵니다.

현지에서 당신이 듣는 말 🎧»	현지에서 당신이 하는 말

[코치라노 세키니 오카케 쿠다사이]
こちらの 席に おかけ ください。
이 자리에 앉아 주세요.

[사-몽 오네가이시마스]
サーモン お願いします。
연어 부탁드립니다.

[하이, 도-조]
はい、どうぞ。
네, 여기 있습니다.

[오스스메 아리마스까]
おすすめ ありますか。
추천 있나요?

[쿄-와 나마가키가 오스스메데스]
今日は 生ガキが おすすめです。
오늘은 생굴을 추천합니다.

[나마가키와 타베라레나이노데…]
生ガキは 食べられないので…。
생굴은 못 먹어서….

[우나기모 오스스메데스]
うなぎも おすすめです。
장어도 추천합니다.

[쟈-, 소레데 오네가이시마스]
じゃ、それで お願いします。
그럼, 그걸로 부탁드려요.

식
당

패스트푸드점에서

Do   일본 패스트푸드점에서는 감자튀김을 주문할 때 딱히 말하지 않으면 케첩을 주지 않으니 케첩이 필요할 때 요청하도록 합시다.

Don't   맥도날드 등 대형 패스트푸드점이어도 와이파이가 안 되는 곳이 있으므로, 와이파이를 사용해야 한다면 미리 확인하는 게 좋아요.

식당

현지에서 당신이 **듣는 말** 👂	현지에서 당신이 **하는 말** 👄

[츠기노 오캬쿠사마, 도-조]
次の お客様、どうぞ。
다음 손님 오세요.

[빅꾸막꾸셋토 히토츠 쿠다사이]
ビックマックセット 一つ ください。
빅맥세트 하나 주세요.

[오노미모노와 나니니 나사이마스까]
お飲み物は 何に なさいますか。
음료는 어떻게 하시겠어요?

[제로코-라데 오네가이시마스]
ゼロコーラで お願いします。
제로콜라로 부탁드려요.

[사이즈와 도- 나사이마스까]
サイズは どう なさいますか。
사이즈는 어떻게 하시겠어요?

[에무데 오네가이시마스]
Mで お願いします。
M으로 부탁드려요.

[텐나이오 고리요-데스까 오모치카에리데스까]
店内を ご利用ですか、お持ち帰り ですか。
매장에서 드시나요, 포장인가요?

[테이크아우토데 오네가이시마스]
テイクアウトで お願いします。
테이크아웃으로 부탁드려요.

[케챱푸 모라에마스까]
ケチャップ もらえますか。
케첩 받을 수 있을까요?

편의점에서

Do　편의점이나 슈퍼마켓에서는 오후 6시가 지나면 많은 상품들을 할인해요. 이 시간을 잘 이용하면 저렴한 가격에 다양한 제품을 살 수 있어요.

Don't　편의점에 비치되어 있는 온수기는 우리나라와 같이 정수기 형태도 있지만 눌러야 나오는 포트 형식이 많다는 점 기억해 두세요.

현지에서 당신이 **하는 말** 👄	현지에서 당신이 **듣는 말** 👂

[오카이케- 오네가이시마스]
お会計 お願いします。
계산 부탁드립니다.

[하이, 젬부데 니센고햐쿠엔니나리마스]
はい、全部で 2,500円になります。
네, 전부 2,500엔입니다.

[오벤또-와 아타타메마스까]
お弁当は 温めますか。
도시락은 데울까요?

[하이, 아타타메테 쿠다사이]
はい、 温めて ください。
네, 데워 주세요.

[하시모 오네가이시마스]
箸も お願いします。
젓가락도 부탁드려요.

[난꼬 오츠케시마스까]
何個 おつけしますか。
몇 개 넣을까요?

[후타츠 오네가이시마스]
二つ お願いします。
두 개 부탁드려요.

식당

87

생맥주 주문하기

Do 일본의 이자카야는 자릿세의 개념으로 '오토시'라는 기본 안주가 나와요. 가게마다 가격은 다르지만 보통 1인당 300~500엔 정도이고 총 계산 가격에 포함되어 있어요.

Don't 가게 안에서 흡연이 가능한 곳이 많기 때문에, 들어가기 전에 미리 확인하도록 하세요.

이
자
카
야

현지에서 당신이 **듣는 말** 🎧	현지에서 당신이 **하는 말** 👄
[난메-사마데스까] **何名様ですか。** 몇 명이세요?	
	[히토리난데스케도 다이죠-부데스까] **一人なんですけど 大丈夫ですか。** 혼자인데 괜찮나요?
[하이, 카운타-세키니 도-조] **はい、 カウンター席に どうぞ。** 네, 카운터석에 앉으세요.	
[오노미모노와 도- 나사이마스까] **お飲み物は どう なさいますか。** 음료는 어떻게 하시겠습니까?	
	[토리아에즈 나마비-루데 오네가이시마스] **とりあえず 生ビールで お願いします。** 우선 생맥주로 부탁드려요.
[하이, 카시코마리마시타] **はい、 かしこまりました。** 네, 알겠습니다.	
	[모시카시테 캉코쿠고노 메뉴- 아리마스까] **もしかして 韓国語の メニュー あります か。** 혹시 한국어 메뉴판 있나요?
[하이, 쇼쇼 오마치 쿠다사이] **はい、 少々 お待ち ください。** 네, 잠시만요.	

손님들과 대화하기

Do 일본의 술집은 처음 만나는 사람과도 스스럼 없이 대화를 나누는 분위기여서 더욱 새롭고 다채로운 여행의 경험을 할 수 있어요. 그중에서도 서서 술을 마시는 타치노미 가게의 경우 가게 손님들 전부와 어울릴 수 있어 현지인과의 자유로운 교류를 원하시는 분들께 추천합니다!

현지에서 당신이 **하는 말**	현지에서 당신이 **듣는 말**

[토나리 스왓테모 이-데스까]
隣 座っても いいですか。
옆에 앉아도 될까요?

[하이, 도-조]
はい、どうぞ。
네, 앉으세요.

[감빠이시마셍까]
乾杯しませんか。
건배하시겠어요?

[도코노 슛신데스까]
どこの 出身ですか。
어디 출신이세요?

[캉코쿠카라 키마시타]
韓国から きました。
한국에서 왔어요.

[에, 니혼고 죠즈데스네]
え、日本語 上手ですね。
어, 일본어 잘하시네요.

[톤데모나이데스. 캉코쿠 키타 코토 아리마스까]
とんでもないです。
韓国 来た こと ありますか。
과찬이세요. 한국 와 본 적 있나요?

[마다 잇타 코토 나이데스]
まだ 行った こと ないです。
아직 가 본 적 없어요.

[이- 토코로 오-이노데 아소비니 키테 쿠다사이]
いい ところ 多いので 遊びに 来て
ください。
좋은 곳 많으니 놀러 와 주세요.

이
자
카
야

옷 가게에서

Do   일본 감성의 옷 가게가 잔뜩 모여있는 곳을 원한다면 도쿄의 시부야와 시모키타자와, 오사카의 아메리카무라, 우메다를 추천해요. 일본 특유의 빈티지한 감성의 옷 가게와 쇼핑몰이 많아요.

쇼핑

현지에서 당신이 **하는 말** 👄	현지에서 당신이 **듣는 말** 👂
[후루기모 웃테이마스까] **古着も 売っていますか。** 구제 옷도 팔고 있나요?	
	[하이, 니카이니 고자이마스] **はい、2階に ございます。** 네, 2층에 있어요.
	...
	[나니까 오사가시데쇼-까] **何か お探しでしょうか。** 무엇을 찾으시나요?
[타다 미테이루다케데스] **ただ みているだけです。** 그냥 구경하고 있어요.	
	[고윳쿠리 도-조] **ごゆっくり どうぞ。** 천천히 둘러보세요.
[코레 시챠쿠시테모 이-데스까] **これ 試着しても いいですか。** 이거 입어볼 수 있나요?	
	[모찌롱데스] **もちろんです。** 물론입니다.
[시챠쿠시츠와 도코데스까] **試着室は どこですか。** 탈의실은 어디인가요?	

드럭스토어에서

Do 다양한 상품들을 팔고 있는 곳으로, 각종 약부터 화장품, 과자, 생활용품 등을 팔고 있는 약국입니다.
한국의 약국과는 다르지만 일반적인 약도 팔고 있으니 약이 필요한 경우 이용할 수 있어요.

현지에서 당신이 **하는 말** 👄	현지에서 당신이 **듣는 말** 👂

[립푸와 도코니 아리마스까]
リップは どこに ありますか。
립 제품은 어디에 있나요?

[코치라에 도-조]
こちらへ どうぞ。
이쪽으로 오세요.

[츠캇테미테모 이-데스까]
使ってみても いいですか。
사용해봐도 될까요?

[모찌롱데스]
もちろんです。
물론입니다.

...

[큐-소쿠지캉 아리마스까]
休足時間* ありますか。
휴족시간 있나요?

[아치라니 고자이마스]
あちらに ございます。
저쪽에 있습니다.

...

[멘제- 데키마스까]
免税 できますか。
면세 되나요?

[멘제-와 고센엔 이죠-카라 데키마스]
免税*は 5千円 以上から できます。
면세는 5,000엔 이상부터 가능합니다.

---

* 다리의 피로를 풀어주는 파스 형태의 제품으로, 여행할 때처럼 평소보다 많이 걷는 날 사용하면 좋아요.
* 면세는 세금 제외 5,000엔, 세금 포함 5,500엔부터 가능합니다.

쇼핑

백화점, 잡화점에서

Do 일본의 백화점은 비교적 일찍 문을 닫으니 시간을 미리 확인해보고 갑시다. 또 대부분의 일본 백화점은
외국인을 대상으로 5% 추가 할인 쿠폰이 있으니, 안내 데스크에 가서 여권을 제시하고 발급받아 보세요.

Don't 항공 수하물로 보낼 수 있는 물건이나 개수 등은 한정되어 있으니 잘 확인해보고 구매하는 걸 추천해요.

현지에서 당신이 **듣는 말** 👂))

현지에서 당신이 **하는 말** 👄

[나니오 오사가시데쇼-까]

何を お探しでしょうか。

무엇을 찾으시나요?

[죠세-후쿠 우리바와 도코데스까]

女性服 売り場は どこですか。

여성 의류 매장은 어디인가요?

[죠세-후쿠 우리바와 고카이데고자이마스]

女性服 売り場は 5階でございます。

여성 의류 매장은 5층입니다.

...

[나니까 오사가시데쇼-까]

何か お探しでしょうか。

무엇을 찾으시나요?

[스카-후오 사가시테이마스]

スカーフを 探しています。

스카프를 찾고 있어요.

[코치라가 오스스메노 쇼-힝데스]

こちらが おすすめの 商品です。

이것들이 추천하는 상품입니다.

[못또 오-키- 사이즈 아리마스까]

もっと 大きい サイズ ありますか。

좀 더 큰 사이즈 있나요?

[코레가 이치방 오-키-사이즈데스]

これが 一番 大きい サイズです。

이게 제일 큰 사이즈입니다.

쇼핑

면세점에서

Do 공항 면세점은 관세나 소비세가 붙지 않아 인터넷 최저가보다도 저렴한 경우가 많아서, 평소 눈여겨본 상품을 구입할 수 있는 절호의 기회예요. 공항마다 판매하는 브랜드나 상품에는 차이가 있는 점 참고해 주세요.

Don't 담배는 인당 1보루로 제한되어 있으니 기억해 둡시다.

현지에서 당신이 **하는 말**	현지에서 당신이 **듣는 말**

[시세-도-노 우리바와 도코니 아리마스까]
資生堂の 売り場は どこに ありま すか。
시세이도 매장은 어디에 있나요?

[무코-노 케쇼-힝 우리바노 오쿠니 고자이마스]
向こうの 化粧品 売り場の 奥に ございます。
건너편의 화장품 매장 안에 있습니다.

[오미야게노 멘제-텡와 도코데스까]
お土産の 免税店は どこですか。
기념품 면세점은 어디에 있나요?

[산카이니 고자이마스]
3階に ございます。
3층에 있습니다.

···

[시로이코이비토와 아리마스까]
白い恋人*は ありますか。
백의 연인은 있나요?

[하이, 코치라니 고자이마스]
はい、こちらに ございます。
네, 여기에 있습니다.

[오카이케- 오네가이시마스]
お会計 お願いします。
계산 부탁드립니다.

[파스포-토오 미세테 쿠다사이]
パスポートを 見せて ください。
여권을 보여 주세요.

쇼핑

* 백의 연인(白い恋人, 시로이코이비토)은 홋카이도의 특산품 과자로 전국의 공항 및 기념품 가게에서 팔고 있는 인기 상품입니다.

굿즈샵에서

Do 애니메이션 및 게임, 아이돌의 다양한 굿즈를 파는 거리를 원한다면 도쿄의 아키하바라와 오사카의 덴 덴타운을 추천합니다. 각종 굿즈샵, 게임 센터, 노래방 등의 가게가 모여 있어요.

쇼핑

현지에서 당신이 **하는 말** 👄	현지에서 당신이 **듣는 말** 👂

[망가와 도코데 웃테이마스까]
漫画は どこで 売っていますか。
만화책은 어디에서 팔고 있나요?

[데구치노 호-니 고자이마스]
出口の 方に ございます。
출구 쪽에 있습니다.

...

[코난노 이벤토와 도코데 시마스까]
コナンの イベントは どこで しますか。
코난 이벤트는 어디서 하나요?

[니카이데 시테 오리마스]
2階で しております。
2층에서 하고 있습니다.

...

[코노 간다무오 사가시테룬데스케도…]
この ガンダムを 探してるんですけど…。
(사진을 보여주며)
이 건담을 찾고 있는데요….

[모-시와케고자이마셍가, 코치라와 겐자이 토-텐데와 토리아츠캇테오리마셍]
申し訳ございませんが、こちらは現在 当店では 取り扱っておりません。
죄송하지만, 이건 지금 저희 가게에는 없습니다.

94

계산하기

Do 한국과 마찬가지로 할인 매장이나 시장 등에서는 흥정을 하면 물건을 싸게 살 수 있어요. 밑져야 본전이니 한 번쯤 말해보는 것도 괜찮겠지요.

Don't 면세로 구매할 때는 여권이 필수이고, 투명한 면세용 봉투에 담긴 것은 뜯어선 안 돼요.

현지에서 당신이 **하는 말**	현지에서 당신이 **듣는 말**

[코레 카이타인데스케도, 촛토다케 마케테 모라에마셍까]

これ 買いたいんですけど、ちょっとだけ まけて もらえませんか。

이거 사고 싶은데, 조금만 싸게 해 주실 수 있나요?

[도-데쇼-네-]

どうでしょうね。

글쎄요.

[오네가이시마스, 토모다치니모 쇼-카이스룬데]

お願いします、友達にも 紹介するんで。

부탁드려요, 친구한테도 소개할게요.

[쟈-, 고햐쿠엔 마케테 산젠엔데]

じゃ、500円 まけて 3000円で。

그럼, 500엔 깎아서 3,000엔으로.

...

[멘제-데스케도…]

免税ですけど…。

면세(구매)인데요….

[파스포-토오 미세테 쿠다사이]

パスポートを 見せて ください。

여권 보여 주세요.

[하이, 소레토 카-도데 오네가이시마스]

はい、それと カードで お願いします。

네, 그리고 카드로 부탁드립니다.

[사시코미까 탓치데 오네가이시마스]

差し込みか タッチで お願いします。

(카드를) 넣거나 터치해 주세요.

쇼핑

교환 및 환불하기

Do 구매한 물건을 환불 및 교환할 때는 영수증이 필수이니 잘 챙겨가도록 합시다.

Don't 면세품은 환불이나 교환이 어려운 경우가 많으니, 계산 전에 상품 상태를 꼭 확인하세요!

현지에서 당신이 **하는 말** 👄	현지에서 당신이 **듣는 말** 👂

[스미마셍가, 코레 코-캉 시타인데스케도…]
**すみませんが、これ 交換 したいん
ですけど…。**
죄송하지만, 이거 교환하고 싶은데요….

[레시-토오 미세테 쿠다사이]
レシートを 見せて ください。
영수증을 보여 주세요.

[못또 오-키- 사이즈니 카에타이데스]
**もっと 大きい サイズに 変えたい
です。**
좀 더 큰 사이즈로 바꾸고 싶어요.

[카시코마리마시타. 라-지 사이즈에노 코-캉
데 요로시-데쇼-까]
**かしこまりました。ラージ サイズ
への 交換で よろしいでしょうか。**
알겠습니다. 라지 사이즈로 교환 괜찮으세요?

[하이, 아리가또-고자이마스]
はい、ありがとうございます。
네, 감사합니다.

...

[코레 헴삥 데키마스까]
これ 返品 できますか。
이거 반품할 수 있나요?

[모-시와케고자이마셍가, 헴삥와 데키마셍]
**申し訳ございませんが、返品は
できません。**
죄송하지만, 반품은 안 됩니다.

쇼핑

놀이공원에서

Do 일본은 각지에 크고 작은 놀이공원이 많아서 어디를 가든 즐기기 좋아요. 대표적인 놀이공원으로는 치바의 도쿄 디즈니랜드, 오사카의 유니버셜 스튜디오 재팬, 야마나시의 후지큐 하이랜드, 나고야의 지브리 파크 등이 있어요. 티켓은 한국 여행 사이트에서 구매하는 게 더 싸니 미리 구매하는 걸 추천해요.

Don't 디즈니랜드, 유니버셜 스튜디오는 셀카봉 반입이 금지되어 있으니 가져가지 않도록 합시다.

현지에서 당신이 **듣는 말** 🔊	현지에서 당신이 **하는 말** 👄

[치켓토오 미세테 쿠다사이]
チケットを 見せて ください。
티켓을 보여 주세요.

[큐-아-루코-도난데스케도…]
QRコードなんですけど…。
큐알코드인데요….

[하이, 소노마마 나카에 오스스미 쿠다사이]
はい、そのまま 中へ お進み ください。
네, 그대로 안으로 들어가 주세요.

…

[코노 아토라쿠션노 이리구치와 도코니 아리마스까]
この アトラクションの 入口は どこに ありますか。
이 놀이기구의 입구는 어디에 있나요?

[미기니 마갓테 이타다이테 맛스구 잇따 토코로니 고자이마스]
右に 曲がって いただいて まっすぐ 行った ところに ございます。
오른쪽으로 꺾어서 직진하면 나옵니다.

…

[믹키-, 잇쇼니 샤신 톳테모 이-데스까]
ミッキー、一緒に 写真 撮っても いいですか。
미키, 같이 사진 찍어도 괜찮을까요?*

관광지

* 인형탈을 쓴 캐릭터는 말을 하지 않고 액션으로 대답을 해준답니다.

사진 촬영 부탁하기

Do 행인에게 말 거는 것을 두려워하지 말고 자신감을 가지고 도전해 봅시다. 다들 친절하게 잘 찍어줄 거예
요. 또 가장 자연스럽게 현지인과 대화할 수 있는 수단이랍니다. 한국과는 찍는 법 등이 다를 수 있으니
앵글이나 각도 등을 정확히 잡아두고 찍어 달라고 하는 편이 서로가 편할 수 있어요.

현지에서 당신이 **하는 말** 👄	현지에서 당신이 **듣는 말** 👂

[아노- 스미마셍, 샤신 톳테 모랏테모 이-데스까]
**あの すみません、写真 撮って
もらっても いいですか。**
저 죄송한데, 사진 찍어 주실 수 있나요?

[하이, 도코데 토레바 이-데스까]
はい、どこで 撮れば いいですか。
네, 어디서 찍으면 될까요?

[콧찌데 코-얏테 톳테 쿠다사이]
**こっちで こうやって 撮って くだ
さい。**
여기서 이렇게 찍어 주세요.

[카쿠닌시테미테 쿠다사이]
確認してみて ください。
확인해 보세요.

[밧치리데스. 아리가또-고자이마스]
**ばっちりです。ありがとうござい
ます。**
완벽해요. 감사합니다.

[고료코-데스까?]
ご旅行ですか。
여행이세요?

[하이 캉코쿠카라 키마시타]
はい、韓国から 来ました。
네, 한국에서 왔어요.

관광지

98

온천에서

Do 일본은 온천 문화가 발달되어 있어 전국 어느 온천을 가도 만족할 수 있답니다. 온천을 하며 여행 중 지 친 피로를 풀어보는 건 어떨까요? 대부분 온천이 유카타를 빌려주는데 일부 온천은 직접 원하는 디자인 을 고를 수도 있어요.

Don't 일본 온천에서는 몸에 문신이 있으면 입장이 불가능한 곳이 있어요. 작은 문신이어도 입장이 안 되는 경 우가 있으니 사전에 확인하고 갑시다.

현지에서 당신이 **하는 말**	현지에서 당신이 **듣는 말**
[요야쿠와 시테나인데스케도, 이마 다이죠-부데스까] **予約は してないんですけど、今 大丈夫ですか。** 예약은 안 했는데, 지금 괜찮을까요?	
	[하이, 다이죠-부데스] **はい、大丈夫です。** 네, 괜찮습니다.
[료-킹와 이쿠라데스까] **料金は いくらですか。** 요금은 얼마인가요?	
	[나나햐쿠큐-쥬-엔데스] **790円です。** 790엔입니다.

...

현지에서 당신이 **하는 말**	현지에서 당신이 **듣는 말**
[타오루 모- 이치마이 모라에마스까] **タオル もう 一枚 もらえますか。** 수건 한 장 더 받을 수 있을까요?	
	[렌타루다이 니햐쿠고쥬-엔가 카카리마스가 다이죠-부데스까] **レンタル代 250円が かかりますが 大丈夫ですか。** 대여료 250엔이 드는데 괜찮으신가요?
[하이, 다이죠-부데스. 히토츠 오네가이시마스] **はい、大丈夫です。一つ お願いします。** 네, 괜찮아요. 한 개 부탁드립니다.	

관광지

약 구입하기

Do 의사 처방전이 필요 없는 간단한 상비약이라면 일반 약국이나 드럭스토어, 슈퍼마켓에서도 팔고 있으니 당황하지 말고 가까운 곳을 이용하세요.

Don't 특정 치료 목적의 약은 의사의 처방전이 없으면 살 수 없습니다. 원인을 알 수 없는 통증이라면 바로 병원으로 가도록 합시다.

현지에서 당신이 **듣는 말** 🎧	현지에서 당신이 **하는 말** 👄

[나니오 오사가시데스까]
何を お探しですか。
무엇을 찾으시나요?

[카제 기미데 키탄데스케도…]
風邪 気味で 来たんですけど…。
감기 기운이 있어서 왔는데요….

[구타이테키니 도-유- 쇼-죠-가 아리마스까]
具体的に どういう 症状が ありますか。
구체적으로 어떤 증상이 있으신가요?

[노도토 아타마가 이타이데스]
喉と 頭が 痛いです。
목이랑 머리가 아파요.

[데와 코노 오쿠스리오 오스스메시마스]
では この お薬を おすすめします。
그럼 이 약을 추천합니다.

[익까이니 도노쿠라이 노미마스까]
一回に どのくらい 飲みますか。
한 번에 얼마나 먹으면 되나요?

[쇼쿠고니 이치죠-데스]
食後に 一錠です。
식후 한 알입니다.

전철에 가방을 두고 내렸을 때

Do 여행 중 깜빡하고 전철 등에 짐을 두고 내리는 일이 많은데요. 일본의 전철에서 물건을 두고 내린 경우 되찾을 확률이 매우 높기 때문에 너무 당황하지 마세요. 대부분 분실물 센터에 맡겨졌을 가능성이 높습니다.

현지에서 당신이 **하는 말**	현지에서 당신이 **듣는 말**

현지에서 당신이 하는 말

[아노- 덴샤니 니모츠오 오키와스레탄데스케도 도-시타라 이-데스까]

あの、電車に 荷物を 置き忘れたん ですけど どうしたら いいですか。

저기, 전철에 짐을 놓고 내렸는데 어떡하면 될까요?

[이치지니 우메다에키데 노리마시타]

1時に 梅田駅で 乗りました。

1시에 우메다역에서 탔어요.

[난바에키데시타]

なんば駅でした。

난바역이었어요.

[시로이 이로노 코노 쿠라이노 오-키사노 카방데스]

白い 色の この くらいの 大きさの カバンです。

흰색에 이 정도 크기의 가방이에요.

현지에서 당신이 듣는 말

[난지니 도노 에키데 노리마시타까]

何時に どの 駅で 乗りましたか。

몇 시에 어느 역에서 타셨나요?

[도코 유키노 덴샤데시타까]

どこ 行きの 電車でしたか。

어디 방면 전철이었나요?

[니모츠노 이로또까 카타치와 돈나 칸지데스까]

荷物の 色とか 形は どんな 感じで すか。

짐의 색이나 모양은 어떤 느낌인가요?

[카쿠닌시마스노데 시바라쿠 오마치 쿠다사이]

確認しますので しばらく お待ち ください。

확인해드릴 테니 잠시 기다려 주세요.

위급상황

101

여권을 잃어버렸을 때

Do 해외 여행을 갈 때에는 여권 분실에 대비하여 여권을 복사해두거나 사진으로 찍어두는 것이 좋아요. 여권을 잃어버렸을 경우 경찰서나 파출소로 가서 여권 분실 신고 증명서를 발급받고, 여권용 사진을 준비해서 한국 대사관에 가면 임시 여권을 발급받을 수 있어요.

현지에서 당신이 **하는 말** 👄	현지에서 당신이 **듣는 말** 👂

[스미마셍, 코노 헨니 코-방와 아리마스까]
すみません、この 辺に 交番は あ りますか。
실례합니다. 이 근처에 파출소 있나요?

[하이, 맛스구 잇테 히다리니 마갓테 쿠다사이]
はい、まっすぐ 行って 左に 曲がって ください。
네, 곧장 가서 왼쪽으로 도세요.

(파출소에 도착 후)

[파스포-토오 나쿠시마시타. 훈시츠토도케 쇼-메-쇼오 모라에마스까]
パスポートを なくしました。 紛失届 証明書を もらえますか。
여권을 잃어버렸습니다. 분실 신고 증명서를 받을 수 있을까요?

[코노 쇼류이니 첵쿠시타 부붕오 카이테 쿠다사이]
この 書類に チェックした 部分を 書いて ください。
이 서류에 체크한 부분을 작성해 주세요.

[하이, 와카리마시타]
はい、わかりました。
네, 알겠습니다.

[코레가 훈시츠토도케 쇼-메-쇼나노데 코레오 못테 캉코쿠타이시캉니 잇테 쿠다사이]
これが 紛失届 証明書なので これ を 持って 韓国大使館に 行って ください。
이게 분실 신고 증명서니까 이걸 들고 한국 대사관에 가 주세요.

위급상황

경찰에 신고할 때

Do 해외 여행 중 지갑이나 짐 등을 도난당했을 경우 현지 경찰서에 신고한 후 도난 증명서를 발급받아야 보험사로부터 보상을 받을 수 있어요. 일본의 경찰서 번호는 112가 아닌 110입니다.

Don't 치한을 만난 경우 무모하게 쫓지 말고 사진이나 영상을 찍고 바로 경찰에 신고하도록 합시다.

현지에서 당신이 **듣는 말** 🎧	현지에서 당신이 **하는 말** 👄

[도-시마시타까]
どうしましたか。
(경찰관) 무슨 일이십니까?

[삿키 사이후오 스라레마시타]
さっき 財布を すられました。
방금 지갑을 소매치기당했어요.

[도코데 스라레마시타까]
どこで すられましたか。
어디서 소매치기를 당했나요?

[카부키쵸-노 마에데시타]
歌舞伎町の 前でした。
가부키쵸 앞이었어요.

[토라레따 모노노 토쿠쵸-오 오시에테 쿠다사이]
取られた 物の 特徴を 教えて ください。
잃어버린 물건의 특징을 알려 주세요.

[코노 쿠라이노 사이즈노 쿠로이 사이후데스]
この くらいの サイズの 黒い 財布です。
이 정도 사이즈의 검은 지갑이에요.

[사이후노 나카니와 나니가 하잇테이마스까]
財布の 中には 何が 入っていますか。
지갑 안에는 뭐가 들어 있나요?

[쿠레짓토카-도 삼마이토 겡킹 욤망엔 쿠라이데스]
クレジットカード 3枚と 現金 4万円 くらいです。
신용 카드 세 장이랑 현금 4만엔 정도예요.

위급상황

일본어
무작정 따라하기
완전판

聞くだけで
話せるようになる

일본어
무작정 따라하기
완전판

특별 부록
· 음성 강의
· 예문 mp3 파일
· 훈련용 소책자 PDF
· 학습 스케줄 PDF

후지이 아사리 지음 | 660쪽 | 26,000원

듣기만 해도 말이 나오는 소리 패턴 학습법!

히라가나를 몰라도, 문법을 외우지 않아도, 무작정 따라 하면 말문이 트인다!
60만 독자들이 인정한 최고의 일본어 전문가, 후지이 선생님의 노하우를 모두 모았다!

난이도	첫걸음 | 초급 | 중급 | 고급	기간	71일
대상	일본어를 처음 배우거나 다시 시작하려고 하는 초급 독자	목표	일본어 기초를 탄탄하게 다지기 일본어 기초 표현을 자유자재로 듣고 말하기

Japanese

여행 일본어

❷ 가서 보는 책

무작정 들고 가도 다 통한다!

'한글발음표기'로 누구나 쉽게

상황에 따라 콕 집어 바로 말한다!

센님(정세영) 지음

마음을 전하는 **인사 표현**

시간대별 인사

아침 인사
[오하요-고자이마스]
おはようございます。

점심 인사
[곤니찌와]
こんにちは。

밤 인사
[곰방와]
こんばんは。

맛있을 때

정말 맛있네요.
[스고쿠 오이시-데스]
すごく 美味しいです。

잘 먹었습니다.
[고치소-사마데시타]
ごちそうさまでした。

도움을 많이 받았을 때

큰 도움이 됐어요!
[타스카리마시타]
助かりました。

* 직역하면 "(덕분에) 살았습니다."라는 뜻이에요.

신세를 많이 졌습니다.
[오세와니 나리마시타]
お世話に なりました。

감동했을 때

감동했습니다.
[칸도-시마시타]
感動しました。

정말 친절하시네요.
[혼토-니 신세츠데스네]
本当に 親切ですね。

이자카야에서

멋진 가게네요.
[스테키나 오미세데스네]
素敵な お店ですね。

만나서 반가웠어요.
[오아이 데키테 우레시캇타데스]
お会い できて 嬉しかったです。

Japanese

여행 일본어

❷ 가서 보는 책

여행 일본어 무작정 따라하기 일러두기

이 미리 보는 책

여행 일본어를 미리 학습해 보고 싶은 분께 추천합니다. 실제 상황을 고려해 더욱 풍성한 표현을 배울 수 있습니다. 2주일 코스로 공부해 보세요. 당신의 여행이 달라집니다.

출국부터 귀국까지!

공항-교통-숙소-길거리-식당-이자카야-쇼핑-관광지-위급 상황별로 꼭 필요한 핵심표현만 담았습니다.

24개 패턴으로 빈틈없이!

최소한의 패턴으로도 여행 중 할 수 있는 거의 모든 말을 할 수 있습니다!

40개 상황으로 든든하게!

앞에서 학습한 패턴을 실제 상황에서 어떻게 쓰는지 상황별로 연습합니다.

실제로 주고받는 표현들을 정리!

내가 하는 말뿐만 아니라, 듣는 말까지 담아 입체적인 학습이 가능합니다.

02 가서 보는 책

공항에서, 숙소에서, 이자카야에서 언제 어디서나 참고할 수 있는 활용편입니다. 필요한 정보만 쏙쏙 골라 담아, 여행 내내 유용하게 활용할 수 있습니다.

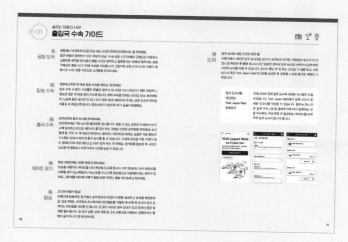

해외여행이 처음이라도 걱정마세요!

여행할 때 꼭 알아야 할 주의 사항과 입국 시 필요한 사항을 정리했습니다.

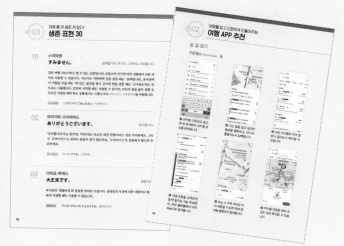

꼭 쓰게 되는 생존 표현 30개!

필수 표현 30개를 엄선하여 일목요연하게 정리했습니다.

여행을 편리하게 해주는 APP 소개!

여행할 때 유용한 애플리케이션과 활용법을 소개합니다.

3

모든 상황이 한 권에!

 공항
 교통
 숙소
 길거리
 식당
 이자카야
 쇼핑
 관광지
 위급

표지판

상황에 따라 꼭 알아야 하는 '표지판 일본어'를 확인합니다.

핵심 표현

장소별로 핵심 문장이 모여 있어, 바로 찾아서 말할 수 있습니다.

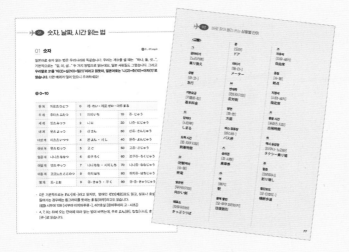

숫자 읽는 법

숫자, 날짜, 시간 관련 표현을 정리했습니다.

상황별 단어

각 상황별 핵심 단어를 가나다 순으로 정리했습니다.

프로 여행러 센님의 여행 꿀팁

**'실수는 귀엽다!'고
생각하세요!**

외국인이 틀린 문법을 썼다고 해서 아무도 이상하게 생각하지 않아요. 서툰 모습은 오히려 귀엽게 봐줄 것이니 기죽지 마세요.

**긴장하지
마세요!**

여행의 긴장이 설렘보다 커지면 여행을 제대로 즐기기가 어려워져요. 긴장하면 안 하던 실수도 나오기 때문에 편하게 즐겨봐요.

**사람과 엮이는 게
여행이에요!**

기왕 일본까지 갔는데 말 거는 게 두려워 우물쭈물한다면 아깝지 않을까요? 뻔한 여행은 금방 잊혀져요. 현지인과 엮이며 친해지고, 사람들의 이야기를 들으며 나의 세상을 넓혀봐요.

**애니메이션 속
세상에 왔다고
생각하세요!**

일본의 거리는 애니메이션에서 보는 것처럼 감성적이에요. 그런 거리를 걸으며 애니 속 주인공이 됐다고 생각하면 여행을 더 다채롭게 즐길 수 있을 거예요.

**당당하게
말하세요!**

언어는 자신감입니다. 내가 당당히 말하면 더 실력이 좋아보여요.

Table of contents
목차

PART 3

이 정도는
알아야
나갈 수 있다!

🎧 MP3 듣기

설레는 여행의 시작!

출입국 수속 가이드

01

공항 도착

공항에는 넉넉하게 3시간 또는 최소 2시간 전까지 도착하시는 걸 추천해요.
많은 분들이 깜박하기 쉬운 부분이 바로 '수속 마감 시간'이에요! 공항으로 이동하는
교통편을 생각할 때 비행기 출발 시간만 생각하고 일정을 짜는 분들이 많은데요. 보통
국제선은 출발 1시간 전에 수속을 마감합니다! 그렇기에 공항 도착시간은 비행기 출
발시간 1시간 전을 기준으로 스케줄을 준비하세요.

02

탑승 수속

공항에 도착한 후 바로 탑승 수속을 해두는 게 편해요!
탑승 수속 시 맡긴 수하물은 특별한 경우가 아니라면 다시 꺼내기가 매우 어려우니,
필요한 짐은 꼭 따로 챙겨 두도록 합시다. 위탁 수하물 안에는 라이터, 성냥, 보조배터
리, 노트북 등은 넣으면 안 되니 다시 한번 체크! 캐리어의 무게는 공항 곳곳에 위치한
저울로 꼭 재보도록 합시다. 항공사마다 다르지만 추가 요금이 발생해요.

03

출국 수속

보안검색과 출국 심사를 준비하세요.
보안검색대로 가면 소지한 물건들을 검사합니다. 벗을 수 있는 겉옷은 다 벗어서 바구
니에 넣으라고 하므로, 레이어드를 많이 하는 것보단 간편한 옷차림을 추천해요! 소지
품에 칼, 가위, 두 개 이상의 라이터는 금지이니 유의하길 바라요. 요즘은 자동 출입국
시스템이 있어서 빠르게 출국 심사를 할 수 있습니다. 기계에 여권을 직접 가져다 대
는 형태이기에 여권 케이스는 미리 벗겨 두는 게 편해요. 검색장을 통과한 후 시간이
남으면 면세점이나 라운지에서 시간을 보낼 수 있습니다.

04

게이트 찾기

탑승 게이트에는 30분 전에 도착하세요!
탑승할 비행기의 게이트를 미리 확인해 두도록 합시다. 저가 항공이나 외국 항공사를
이용할 경우 모노레일이나 버스 등을 타고 다른 탑승동으로 이동해야 하는 경우가 있
어요. 그럴 때를 대비해 비행기 출발 30분 전에는 출발 게이트에 도착하세요.

05

탑승

드디어 비행기 탑승!
비행기에 탑승하면 입구에서 승무원에게 여권과 티켓을 보여주고 좌석을 확인받아
요. 탑승 후에는 승무원의 지시에 따라 안전벨트를 착용한 후 이륙 후 안내가 있기 전
까지는 테이블을 내리면 안 됩니다. 또 창가 자리의 경우 안내가 있기 전까진 창문 덮
개를 열어 둡니다. 또 대구 공항, 김해 공항 등 군사 공항으로 이용되는 공항에서는 촬
영이 금지이니 이 점 유의하세요.

06
도착

입국 심사와 세관 신고만 하면 끝!

비행기에서 내리면 입국 심사대로 갑니다. 외국인과 자국민, 재입장의 입구가 다 다르니 잘 확인한 후 줄을 섭니다. 최근 일본은 전자식 입국 심사로 바뀌어 비교적 빠른 시간에 심사를 마칠 수 있습니다. 심사가 끝난 후 짐 찾는 곳으로 가 짐을 찾고, 세관 신고서 혹은 Visit Japan Web*의 QR을 보여준 후 공항을 나오면 즐거운 여행의 시작입니다!

> **입국 신고서를 대신하는 Visit Japan Web 등록하기**
>
> 코로나19로 인해 입국 심사에 새로운 시스템이 도입되었습니다. Visit Japan Web에서 입국 신고서 및 세관 신고서를 작성할 수 있습니다. 필수는 아니지만 입국 수속 시간을 줄여주기에 미리 등록하는 것을 추천해요. 작성 완료 후 발급되는 QR코드를 보여주면 입국 심사가 끝나게 됩니다.

여행을 쉽고 간편하게 만들어주는
여행 APP 추천

01 · 길 찾기

구글 맵스 (Google Maps) 📍

❶ APP을 다운로드 받고, 맨 위 검색창에 가야 할 장소를 검색합니다.

❷ 가는 법을 알고 싶다면 경로를 클릭하고, 어디서 출발하는지 입력합니다.

❸ 이동 수단별로 각각 얼마나 걸리는지 확인할 수 있습니다.

❹ 대중교통을 선택하면 몇 번 출구로 가는 게 빠른지, 어떤 플랫폼에서 타야 하는지도 알려줍니다.

❺ 도보 시 우측 하단의 위치 버튼을 누르면 현재 향하는 방향까지 알려줍니다.

❻ 택시를 이용할 때의 요금도 미리 확인할 수 있습니다.

02 택시 타기

디디 (DiDi)

❶ 디디 APP을 설치하고 계정을 만드세요.

❷ 구글 맵스에서 목적지 검색 후, 택시를 선택한 뒤 '앱 열기'를 누르세요.

❸ 'DiDi에서 이 페이지를 열 겠습니까?'라는 페이지가 나오면 '열기'를 클릭하세요.

❹ 출발 시간을 설정하세 요. 최대 2일 후의 예약까 지 가능합니다.

❺ Confirm 버튼을 클릭 하세요.

❻ 픽업 포인트를 조정하 고 Request 버튼을 클릭 하세요.

03 번역기

(1) 파파고 (papago)

❶ 네이버에서 만든 번역기입니다. ❷ 일반 번역부터 음성 검색, 직접 그린 글자 인식 번역도 가능합니다.
❸ 특히 이미지 번역은 일본어로 되어 있는 메뉴판 등을 찍어 번역을 할 수 있어서 편리해요. ❹ 미리 언어팩
을 다운로드 해두면 오프라인 상태에서도 번역이 가능합니다. ❺ 높임말 번역 기능이 있어요.

(2) Google 번역

❶ 구글에서 만든 번역기입니다. ❷ 파파고와 마찬가지로 오프라인 번역, 글자 인식 번역, 음성 검색, 이미지
번역, 문자를 직접 그려 번역하는 기능 등이 갖춰져 있어요. ❸ 마이크를 한 번만 누르면 실시간 음성 번역이
가능합니다.

(3) Chat GPT와 AskUp 🔵

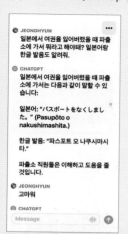
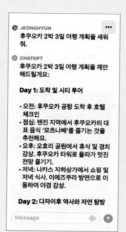
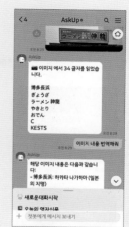

❶ Upstage에서 개발된 대화형 인공지능 챗봇입니다. ❷ "~을 일본어로 알려줘."라고 하면 번역기처럼 이용할 수 있습니다. ❸ 광범위한 정보에 기반한 앱이기 때문에 다른 번역 APP보다 좀 더 종합적인 정보를 검색할 수 있습니다. 예를 들어 여행 일정이나 여행 중 필요한 정보를 얻을 때도 활용이 가능합니다. ❹ 카카오톡에 AskUp을 친구 추가하면 ChapGPT를 카카오톡에서도 활용할 수 있습니다. ❺ AskUp에게 사진을 찍어서 보내면 사진 번역도 가능합니다.

04 관광

(1) KKday(케이케이데이) 🔲

❶ 아시아 전문 여행 플랫폼입니다. ❷ 입장권, 호텔, 액티비티, 원데이클래스, 투어, 렌트카, 유심을 이용할 수 있습니다. ❸ 기모노 체험이나 스노클링 등 다양한 현지 체험을 지역별로 검색할 수 있습니다.

(2) KLOOK (클룩)

❶ 각종 명소의 입장권을 예약할 수 있는 여행 플랫폼입니다. ❷ 공항에서 도심으로 가는 라피트 열차 티켓부터 간사이 쓰루 같은 교통 패스권까지 다양한 교통 관련 티켓을 손쉽게 예매할 수 있어요. ❸ 디즈니랜드, 유니버셜 스튜디오 재팬 등의 테마파크 입장권도 할인된 가격으로 구매할 수 있어요. ❹ 호텔 및 항공권도 예약할 수 있습니다.

(3) Trip Advisor (트립어드바이저)

❶ 전 세계 여행자들이 남긴 여행지 리뷰 및 사진을 볼 수 있는 여행 플랫폼입니다. ❷ 항공권, 숙박, 렌터카, 패키지 등 여행에 필요한 다양한 서비스 카테고리가 있어요. ❸ 호텔, 항공권 등을 한눈에 비교할 수 있습니다. ❹ 음식점 리뷰 검색 및 온라인 예약도 가능합니다.

05 맛집 찾기

(1) 구글 맵스 (Google Maps)

❶ 구글 맵스에서 맛집도 찾을 수 있습니다. ❷ 사용자들의 평점도 꽤 정확하고, 운영시간도 볼 수 있고, 예약 링크가 있는 경우도 많습니다. ❸ 지금 내가 있는 위치 주변 음식점 중 괜찮은 곳을 찾고 싶을 때, 내 위치 중심으로 맛집을 찾을 수 있습니다.

(2) 食べログ (타베로그)

❶ 일본인이 가장 많이 사용하는 음식점 리뷰 사이트입니다(APP은 아니에요). '타베로그'라고 검색하면 한국어 사이트가 나옵니다. ❷ 교통 수단 및 영업시간, 지불 방법 등을 한 번에 확인할 수 있습니다. ❸ 일본인이 주로 사용하기에 현지인의 맛집을 알 수 있어요. 별점 3.5 이상이면 믿고 가는 맛집!

01 **스미마셍**
すみません。
실례합니다, 여기요, 고마워요, 죄송합니다.

일본 여행 치트키라고 할 수 있는 표현입니다. 뉘앙스만 바꾸면 여러 상황에서 다른 의미로 사용할 수 있습니다. 지나가는 사람에게 길을 물을 때는 '실례합니다', 음식점에서 직원을 부를 때는 '여기요', 물건을 받고 감사의 뜻을 전할 때는 '고마워요'라는 뜻으로도 사용됩니다. 간단히 사과할 때도 사용할 수 있지만, 타인의 발을 밟은 상황 등 무조건 사과를 해야 하는 상황에서는 고멘나사이(ごめんなさい, 죄송합니다.)를 사용합니다.

유사표현   [고멘나사이] ごめんなさい。 미안합니다.

02 **아리가또-고자이마스**
ありがとうございます。
감사합니다.

'감사합니다'라는 뜻인데, '아리가또-'라고만 하면 반말이라는 점을 주의하세요. 그리고 '고자이마스'는 의외로 발음이 쉽지 않은데요, '고쟈이마스'로 발음하지 않도록 유의하세요.

유사표현   [도-모] どうも。 고마워요.

03 **다이죠-부데스**
大丈夫です。
괜찮아요.

우리말의 '괜찮아요'와 동일한 의미로 쓰입니다. 상대방의 사과에 대한 대답이나 완곡하게 거절할 때도 사용할 수 있습니다.

응용표현   [다이죠-부데스까] 大丈夫ですか。 괜찮을까요?

04 **춋토 키-테모 이-데스까**
ちょっと 聞いても いいですか。 좀 물어봐도 될까요?

지나가는 행인에게 질문하기 전에 사용하는 표현이에요. 아무 말도 없이 갑자기 질문을 하면 오해를 받을 수 있으니 적당한 쿠션어가 필요해요. 처음에 말을 꺼낼 때 스미마셍(すみません)이라고 하면 더 정중한 표현이 됩니다.

유사표현   [촛토 키-테모 다이죠-부데스까] ちょっと 聞いても 大丈夫ですか。
좀 물어봐도 괜찮을까요?

---

05 **오시에테 모랏테모 이-데스까**
教えて もらっても いいですか。 알려 주실 수 있나요?

여행을 하다 보면 무언가 물어봐야 하거나, 도움이 필요한 상황이 생깁니다. 이럴 때 사용할 수 있는 정중함과 예의를 갖춘 질문 표현이에요. 길을 모를 때, 물건을 사용하는 법을 모를 때, 내 일본어가 맞는지 등을 물어볼 때 사용해 보세요.

응용표현   [고레가 나니까 오시에테 모랏테모 이-데스까]
これが 何か 教えて もらっても いいですか。 이게 뭔지 알려 주실 수 있나요?

---

06 **샤신 톳테 모랏테모 이-데스까**
写真 撮って もらっても いいですか。 사진 찍어 주실 수 있나요?

지나가는 사람에게 사진을 찍어 달라고 부탁할 때에 사용할 수 있습니다. 앞에 스미마셍(すみません)을 붙여서 이야기하면 더욱 정중한 표현이 돼요.

유사표현   [잇쇼니 샤신 톳테모 이-데스까] 一緒に 写真 撮っても いいですか。
같이 사진 찍어도 괜찮을까요?

07 도-얏테 이케바 이-데스까

どうやって 行けば いいですか。

어떻게 가면 되나요?

목적지까지 가는 길을 모를 때 사용할 수 있어요. 출입구가 막혀 있거나 공사를 해서 돌아가야 하는 경우 등에 유용하게 쓸 수 있습니다. 원하는 목적지 뒤에 '마데(まで)'를 붙인 후 사용하면 더 적절한 표현이 된답니다.

응용표현 [신주쿠에키마데 도-얏테 이케바 이-데스까]
新宿駅まで どうやって 行けば いいですか。신주쿠역까지 어떻게 가면 되나요?

---

08 코레와 이쿠라데스까

これは いくらですか。

이거 얼마인가요?

쇼핑 천국 일본에서 물건을 구매할 때 꼭 필요한 표현이죠? 참고로 관광지, 놀이공원 등의 입장료는 한국 사이트에서 미리 구매하면 더 저렴하니 여행가기 전 미리 준비하세요.

응용표현 [젬부데 이쿠라데스까] 全部で いくらですか。전부 다해서 얼마인가요?

---

09 테츠닷테 쿠다사이

手伝って ください。

도와주세요.

직접적으로 도움을 요청하는 표현입니다. 일본에는 내려가는 에스컬레이터가 없는 전철이 많은데요, 캐리어 등 무거운 짐을 들고 있어 곤란한 경우 사용할 수 있습니다. 또 호텔 등에서 도움이 필요할 때에도 활용해 보세요.

10

카-도 츠카에마스까

カード 使えますか。

카드 되나요?

일본은 현금만 받는 가게가 많기 때문에 카드를 사용할 수 있는지 물어보는 게 좋습니다. 여기서 주의할 점이 있는데요, '카도'라고 짧게 발음하면 다른 뜻이 되어버리니 '카-도(カード)'라고 장음에 주의하며 발음해야 합니다.

유사표현　[카-도데 오네가이시마스] カードで お願いします。 카드로 부탁드려요.

11

코레 신주쿠에키마데 이키마스까

これ 新宿駅まで 行きますか。

이거 신주쿠역까지 가나요?

일본의 전철 시스템은 매우 복잡해요. 플랫폼도 많고 한 플랫폼에 여러 방향으로 가는 전철이 정차하기 때문에 헷갈리는 일이 다반사예요. 그럴 경우 사용해 보세요. 우리나라 전철은 역을 지나쳤을 경우 내려서 반대 플랫폼에서 다시 타면 되지만 일본 지하철은 전혀 다른 곳으로 가버려요. 그렇기에 지하철을 탈 때 확실하지 않다면, 이 표현을 활용해서 주위 사람에게 꼭 물어보도록 합시다.

12

와이화이노 파스와-도와 난데스까

Wi-Fiの パスワードは なんですか。

와이파이 비밀번호가 뭔가요?

여행 중 인터넷은 필수인 만큼 와이파이를 잘 활용해야 하는데요. 암호가 걸려 있는 경우 직원에게 물어볼 때 쓸 수 있습니다. 카페나 패스트푸드점의 경우 대부분 와이파이가 있고 그런 경우 영수증이나 가게 벽에 적혀 있을 가능성이 높아요. 그렇지만 우리나라처럼 모든 가게에 와이파이가 있지는 않다는 점 기억하세요.

유사표현　[와이화이 아리마스까] Wi-Fi ありますか。 와이파이 있나요?

13

윳쿠리 하나시테 쿠다사이

ゆっくり 話して ください。

천천히 말해 주세요.

질문을 했는데 대답을 알아듣지 못하면 의미가 없죠. 너무 빠르게 말해서 못 알아들은 경우에 쓸 수 있는 유용한 표현이에요. 앞에 스미마셍(すみません)을 붙이면 미안한 마음을 전할 수 있어요. 쿠다사이(ください) 대신 모랏테모 이-데스까(もらっても いいですか, ~해 주실 수 있나요?)라고 바꾸어 말하면 보다 정중한 표현이 됩니다.

유사표현 [모- 이치도 잇테 모랏테모 이-데스까] もう 一度 言って もらっても いいですか。한 번 더 말해 주실 수 있나요?

14

코레 아리마스까

これ ありますか。

이거 있나요?

미리 봐두었던 물건을 찾거나 메뉴판에 있는 제품의 재고를 확인할 경우에 사용할 수 있어요. 준비해둔 사진이나 메뉴판을 가리키며 말해 보세요.

응용표현 [도코니 아리마스까] どこに ありますか。어디에 있나요?

15

사이킹 닌키노 바쇼와 도코데스까

最近 人気の 場所は どこですか。

최근 인기가 있는 곳은 어디인가요?

실제 현지인들이 자주 가는 곳을 가고 싶을 때 행인에게 물어보세요. 보통 번화가에 쇼핑 거리, 음식점, 술집 등이 있으니 한눈에 확인할 수 있어요.

16 쥬-덴 데키마스까
充電 できますか。
충전할 수 있나요?

여행 중 휴대폰 배터리가 떨어졌는데, 휴대폰에 꼭 필요한 정보가 들어 있어서 난처할 때 있죠? 그런 경우 사용할 수 있는 표현이니 잘 기억해 두세요.

유사표현　[덴와 카리테모 이-데스까] 電話 借りても いいですか。 전화 빌릴 수 있을까요?

17 토이레와 도코데스까
トイレは どこですか。
화장실이 어디인가요?

가게나 관광지 등에서 화장실 위치를 물을 때 사용할 수 있어요. 보통은 표지판이 있지만 눈에 띄지 않을 때는 물어보는 게 가장 빠른 방법이에요. 또 일본은 편의점마다 화장실이 있으니 정말 급할 경우 편의점에 가서 물어보세요.

유사표현　[코코 토이레 아리마스까] ここ トイレ ありますか。 여기 화장실 있나요?
　　　　　[토이레 츠캇테모 이-데스까] トイレ 使っても いいですか。 화장실 써도 되나요?

18 오스스메 아리마스까
おすすめ ありますか。
추천하는 게 있나요?

메뉴 등을 결정하기 어려울 때에 사용해 보세요. 일본에는 오늘의 메뉴나 셰프 추천 메뉴가 있는 가게가 많아요. 쇼핑을 할 때도 고민되는 상품이 있을 때 점원에게 물어볼 수 있어요.

19

미치니 마욧테 시마이마시타

道に 迷って しまいました。

길을 잃어버렸어요.

길을 잃었거나 출입구 등을 찾지 못할 때 사용해 보세요. 지도를 봐도 모르겠을 때는 물어서 해결하는 편이 더 빠릅니다.

유사표현 [미치오 오시에테 쿠다사이] 道を 教えて ください。 길을 알려 주세요.

20

사이킹 이치방 닌키나 모노와 난데스까

最近 一番 人気な ものは なんですか。

요즘 제일 인기 있는 게 무엇인가요?

쇼핑 시 뭘 사야 할지 몰라 결정장애에 빠진 적 다들 있으시죠? 그럴 때 매장에서 가장 인기 있는 상품을 선택하는 게 안전한 선택일 수 있어요! 그럴 경우에 사용할 수 있습니다.

유사표현 [사이킹 하얏테루 모노와 난데스까] 最近 流行ってる ものは なんですか。
최근에 유행하는 건 무엇인가요?

21

카방오 나쿠시마시타

カバンを なくしました。

가방을 잃어버렸어요.

여행 중에는 신경쓸 것이 많다 보니, 전철이나 버스 등에 가방이나 지갑 등 소지품을 두고 내리는 경우가 종종 있어요. 그런 경우 역무원이나 경찰서에서 가서 얘기하면 됩니다.

유사표현 [와스레모노가 아룬데스가] 忘れ物が あるんですが…。 분실물이 있는데요….
잃어버리기 쉬운 물건 리스트 : 사이후(財布, 지갑) / 케-타이(携帯, 휴대폰) / 이야홍(イヤホン, 이어폰)

22

요야쿠와 시테나인데스가

予約は してないんですが…。

예약은 안 했는데요….

인기 있는 식당에 간다면 "요야쿠와 시마시타카(予約は しましたか, 예약하셨나요?)"라는 말을 많이 들을 거예요. 예약을 미리 하면 좋겠지만 그러지 못한 경우도 있는데요, 그럴 때 할 수 있는 대답입니다. 여행 중 일정이 변동되어 예상치 못하게 숙소 등을 잡아야 할 경우에도 사용할 수 있어요.

23

테이크아우토 데키마스까

テイクアウト できますか。

테이크아웃 되나요?

숙소로 가서 먹거나 야외에서 먹고 싶을 때, 아니면 웨이팅이 너무 길 때에 사용해 보세요. 웨이팅이 길어도 포장으로 주문하면 비교적 빠르게 받아볼 수 있어요.

유사표현 　 [오모치카에리 데키마스까] お持ち帰り できますか。 포장 되나요?

24

와사비오 누이떼 쿠다사이

わさびを 抜いて ください。

고추냉이를 빼 주세요.

초밥집에서 주문할 때 바로 앞에서 직접 만들어 주는 경우가 있습니다. 이때 고추냉이를 못 먹는 경우에는 빼 달라고 말해 보세요.

유사표현 　 [오오메데 오네가이시마스] おおめで お願いします。 많이 주세요.

25

25

케-산가 마치갓테이마스

計算が 間違っています。

계산이 잘못됐어요.

물건을 사거나 음식점에서 계산한 후 영수증을 꼭 확인하세요. 여행할 때에는 계산이 잘못되었더라도 되돌아가기 쉽지 않은 경우가 많으니, 구입 내역과 결제 내역이 맞는지 그 자리에서 꼼꼼하게 확인하는게 좋아요.

26

요야쿠노 캰세루 데키마스까

予約の キャンセル できますか。

예약 취소할 수 있나요?

관람권이나 입장권, 숙박 등 일정 변동으로 인해 예약을 취소해야 하는 경우 사용할 수 있어요.

유사표현　　[요야쿠오 헨코시타이데스] 予約を 変更したいです。 예약을 변경하고 싶어요.

27

하나시 카케나이데 호시-데스

話し かけないで ほしいです。

말 걸지 말아줬으면 좋겠어요.

밤의 가부키쵸와 같은 번화가를 걷다 보면 남녀를 불문하고 말을 거는 사람들이 많습니다. 아무리 무시해도 끈질기게 따라오는데요. 위험하기도 하니 그런 상황에서는 단호하게 거절의 뜻을 전해야 합니다.

28

히코-키니 노리오쿠레마시타

飛行機に 乗り遅れました。

비행기를 놓쳤어요.

공항에 늦게 도착해 탑승 수속이 마감되거나 비행기를 놓쳤을 경우 사용할 수 있어요. 국제선 비행기 탑승 수속 마감은 보통 출발 1시간 전이니 이 점 꼭 유의하세요. 탑승 게이트까지 제법 먼 경우도 있으니 게이트에 여유롭게 미리 가 있는 것을 추천해요.

유사표현 [치코쿠시테 히코-키니 노레마셍데시타] 遅刻して 飛行機に 乗れませんでした。
늦어서 비행기에 못 탔어요.

29

츠레테잇테 모라에마스까

連れて 行って もらえますか。

데려다주실 수 있나요?

점원이나 지나가는 사람에게 길을 물었는데도 잘 모르겠을 때 사용해 보세요. 앞에 '모시 요케레바(もしよければ, 혹시 괜찮으시면)'를 붙이면 정중하게 부탁하는 표현이 돼요.

응용표현 [코코까라 치카케레바 츠레테잇테 모라에마스까]
ここから 近ければ 連れていって もらえますか。
여기에서 가까우면 데려다주실 수 있나요?

30

와타시노 헤야니 다레카 춋토 키테 쿠다사이

私の 部屋に 誰か ちょっと 来て ください。
제 방으로 누군가 잠깐 와 주세요.

숙소에 벌레가 나왔거나 온수가 나오지 않을 경우, 에어컨이 작동되지 않는 경우 등 문제가 있어 직원을 호출할 때 사용하는 표현이에요.

유사표현 [나루베쿠 하야쿠 키테 쿠다사이] なるべく 早く 来て ください。
되도록 빨리 와 주세요.

PART 4

찾아보기,
이것만은
들고 가자!

🎧 MP3 듣기

01

교통

일본은 교통 시스템이 매우 발달한 나라입니다. 다양한 교통수단이 정시에 안정적으로 운행되는 것으로 유명하고, 기차역에서 구매할 수 있는 도시락인 '에키벤' 문화도 있습니다. 이외에 미리 알고 가면 좋은 몇 가지 차이점을 알려드릴게요.

우선 가장 체감되는 차이점은 교통비일 텐데요, 우리나라와 달리 교통수단 간 환승 할인이 되지 않고, 전철 노선 간에도 회사가 다르면 따로 요금을 지불해야 한답니다. 이 점을 유의해서 여행 일정과 노선을 결정하는 것이 좋아요.

또 버스는 지역별로 타는 곳과 요금제가 다릅니다. 앞문으로 승차하는 지역의 경우, 어디에서 하차하든 요금이 같으므로 승차할 때 요금을 냅니다. 반면 뒷문으로 승차하는 지역의 경우, 이동 거리에 따라 요금이 달라집니다. 그래서 승차할 때 번호가 인쇄된 '정리권'이라는 작은 종이를 뽑고, 내릴 때 차내 전광판에 표시되는 번호별 요금을 확인하고 운임을 지불합니다. 물론 교통카드를 이용하면 우리나라처럼 탈 때 찍고, 내릴 때 찍으면 됩니다.

해외에서 대중교통을 이용할 때는 실수를 할까 봐 긴장하기 마련이죠. 아무리 철저한 사람도 버스를 잘못 탄다거나, 내려야 할 역을 지나치는 실수를 할 수도 있습니다. 혹시 여행 중 그런 일이 생기더라도 너무 자책하지 마세요. 익숙하지 않기에, 해프닝이 있기에 여행이 아닐까요?

교통 표지판 일본어

急行 급행 [큐-코-]	**乗り場** 타는 곳 [노리바]	**方面** 방면 [호-멘]
きっぷ 표 [킷푸]	**指定席** 지정석 [시테-세키]	**東, 西, 南, 北** 동, 서, 남, 북 [히가시, 니시, 미나미, 키타]
バス停 버스 정류장 [바스테-]	**駅** 역 [에키]	**出発時間** 출발 시간 [슛파츠 지캉]
到着時間 도착 시간 [토-챠쿠 지캉]	**タクシー** 택시 [타쿠시-]	**終電** (전철)막차 [슈-덴]

01 기차를 탈 때

유후인행 티켓을 부탁드려요.	[유후인유키노 치켓토오 오네가이시마스] 由布院*行きの チケットを お願いします。 ＊유후인은 후쿠오카 근교의 온천으로 유명한 소도시입니다.
특급 열차는 몇 시에 있나요?	[톳큐- 렛샤와 난지니 아리마스까] 特急 列車は 何時に ありますか。
왕복은 얼마인가요?	[오-후쿠와 이쿠라데스까] 往復は いくらですか。
창가 쪽 자리로 부탁드립니다.	[마도가와노 세키데 오네가이시마스] 窓側の 席で お願いします。
통로 쪽 자리로 부탁드립니다.	[츠-로가와노 세키데 오네가이시마스] 通路側の 席で お願いします。
출발은 언제인가요?	[슛파츠와 이츠데스까] 出発は いつですか。
막차는 몇 시인가요?	[슈-뎅와 난지데스까] 終電は 何時ですか。
신칸센 승강장은 어디인가요?	[신칸센노 노리바와 도코데스까] 新幹線の 乗り場は どこですか。
다음 출발 시간은 몇 시인가요?	[츠기노 슛파츠 지캉와 난지데스까] 次の 出発 時間は 何時ですか。

02 리무진 버스, 일반 버스를 탈 때

스스키노까지의 버스는 얼마인가요?	[스스키노마데노 바스와 이쿠라데스까] すすきの*までの バスは いくらですか。 * 스스키노는 삿포로의 가장 중심에 있는 번화가입니다.
공항버스 정류장은 어디인가요?	[쿠-코-바스노 노리바와 도코데스까] 空港バスの 乗り場は どこですか。
저기요, 이 버스 아라시야마에 가나요?	[스미마셍, 코노 바스 아라시야마니 이키마스까] すみません、この バス 嵐山*に 行きますか。 * 아라시야마는 교토의 유명 관광지로 대나무 숲으로 둘러싸인 곳이에요.

03 택시를 탈 때

택시는 어디에서 탈 수 있나요?	[타쿠시-와 도코데 노레마스까] タクシーは どこで 乗れますか。
(주소를 보여주며) 이 주소까지 부탁드려요.	[코노 쥬-쇼마데 오네가이시마스] この 住所まで お願いします。
조금 서둘러 주세요.	[스코시 이소이데 쿠다사이] すこし 急いで ください。

04 지하철, 전철에서

이 전철은 텐노지역에 가나요?	[코노 덴샤와 텐노-지에키니 이키마스까] この 電車は 天王寺駅に 行きますか。
(내릴 곳을 확인할 때) 다음 역이 쿄세라 돔인가요?	[츠기노 에키가 쿄-세라도-무데스까] 次の 駅が 京セラドーム*ですか。 * 쿄세라 돔은 오사카에서 가장 큰 돔 경기장으로 각종 야구 경기, 콘서트 등이 열 립니다.
다음 역은 어디인가요?	[츠기노 에키와 도코데스까] 次の 駅は どこですか。
유니버설 스튜디오에 가려면 어디서 환승하면 되나요?	[유니바니 이쿠타메니와 도코데 노리카에레바 이-데스까] ユニバ*に 行くためには どこで 乗り換えれば いいですか。 * 유니버설 스튜디오 재팬을 '유니바' 또는 'USJ'라고 줄여서 불러요.
환승역은 여기인가요?	[노리카에에키와 코코데스까] 乗り換え駅は ここですか。
전철 막차는 몇 시인가요?	[슈-뎅와 난지데스까] 終電は 何時ですか。
이 전철이 이케부쿠로행인가요?	[코노 덴샤가 이케부쿠로유키데스까] この 電車が 池袋*行きですか。 *이케부쿠로는 도쿄에서 각종 카페나 빈티지 숍들이 모여 있는 거리예요.

02

숙소

여행지에서 숙소 선택은 정말 중요합니다. 가장 많은 경비를 차지하는 부분이기도 하고, 일정 중 우리의 컨디션을 책임져주는 공간이기도 하니까요. 접근성이 좋은 숙소를 이용한다면 주요 관광지에 가는 시간과 대중교통 등을 이용하는 비용을 절약할 수도 있죠.

요즘 일본의 호텔들은 대부분 환경 보호를 위해 샴푸 같은 기본적인 것을 제외한 어메니티를 로비에서 직접 가져가게 되어 있어요. 두 번 걸음 하지 않도록 체크인할 때 로비에 어메니티가 비치되어 있나 확인해 봅시다.

또한 많은 호텔에 '대욕장'이라고 하는 공용 목욕탕이 있습니다. 외부의 온천수를 연결하거나 특별한 입욕제가 들어 있어, 여행의 피로를 풀 수 있으니 꼭 이용해 보세요.

그리고 교토의 경우 특이한 점이 있는데요. 교토의 관광 환경 개선과 지역 자원 보존을 위해 숙박세가 따로 부과됩니다. 보통 200~400엔 정도인데, 숙소마다 차이가 있습니다. 그러니 '왜 돈을 더 내라고 하지? 바가지인가?'라고 생각하지 않아도 돼요.

마지막으로, 흔한 경우는 아니지만 숙소에 바퀴벌레가 나올 수가 있습니다. 저처럼 벌레를 무서워하는 사람들에게는 충격 그 자체일 수밖에 없는데요(일본의 바퀴벌레는 상상을 초월할 정도로 큽니다). 이럴 때 어떻게 도움을 요청해야 하는지 이번 장에서 알려드릴게요!

숙소 표지판 일본어

チェックイン
체크인
[첵쿠잉]

チェックアウト
체크아웃
[첵쿠아우토]

フロント
프런트
[후론토]

旅館
여관
[료칸]

ネットカフェ
넷카페
[넷토카훼]
* 일본의 PC방. 매트리스와 샤워실이 있어 저렴한 숙소로 이용할 수도 있습니다.

カプセルホテル
캡슐 호텔
[카푸세루호테루]

ゲストハウス
게스트하우스
[게스토하우스]

エアビーアンドビー
에어비앤비
[에아비-안도비-]
* 일본인들은 주로 줄여서 '에아비-'라고 불러요.

ルームサービス
룸서비스
[루-무사-비스]

掃除
청소
[소-지]

シート交換
시트 교환
[시-토 코-캉]

アメニティ
어메니티
[아메니티-]
* 호텔에서 기본적으로 제공되는 용품을 말합니다.

01 예약할 때

예약은 안 했는데, 지금 비어 있는 방이 있나요?	[요야쿠와 시테이나인데스케도, 이마 아이테루 헤야 아리마스까] 予約は していないんですけど、今 空いてる 部屋 ありますか。
완전 개인실인가요?	[칸젠 코시츠데스까] 完全 個室ですか。 * 넷카페에는 방의 종류가 많은데, 그중 숙박하기 편한 방은 완전 개인실이에요.

02 체크인할 때

짐을 맡기고 싶은데요….	[니모츠오 아즈케타인데스가…] 荷物を 預けたいんですが…。
체크인 부탁드려요.	[첵쿠잉 오네가이시마스] チェックイン お願いします。
이민수로 예약했어요.	[이민수데 요야쿠시마시타] イ・ミンスで 予約しました。
와이파이 비밀번호는 뭔가요?	[와이화이노 파스와-도와 난데스까] Wi-Fiの パスワードは なんですか。
조식은 포함되어 있나요?	[쵸-쇼쿠와 후쿠마레테이마스까] 朝食は 含まれていますか。
체크아웃은 몇 시인가요?	[첵쿠아우토와 난지데스까] チェックアウトは 何時ですか。

(게스트하우스에서) 통금 있나요?	[몽겐 아리마스까] 門限 ありますか。

03 체크아웃할 때

체크아웃 부탁드려요.	[첵쿠아우토 오네가이시마스] チェックアウト お願いします。
공항까지 가는 택시를 불러 주실 수 있나요?	[쿠-코-마데노 타쿠시-오 욘데 모라에마셍까] 空港までの タクシーを 呼んで もらえませんか。

04 객실 서비스를 이용할 때

방 청소를 부탁드려요.	[헤야노 소-지오 오네가이시마스] 部屋の 掃除を お願いします。
수건을 더 받을 수 있나요?	[타오루오 못토 모라에마스까] タオルを もっと もらえますか。
시트를 교환해 주세요.	[시-츠오 코-캉시테 쿠다사이] シーツを 交換して ください。
대욕장(공용 목욕탕)은 몇 시까지 이용 할 수 있나요?	[다이요쿠죠-와 난지마데 리요-데키마스까] 大浴場は 何時まで 利用 できますか。

05 기타 상황에서

방에 열쇠를 두고 나왔어요.	[헤야니 카기오 오이타마마 데마시타] 部屋に 鍵を おいたまま 出ました。
방의 열쇠를 잃어버렸어요.	[헤야노 카기오 나쿠시마시타] 部屋の 鍵を なくしました。
온수가 안 나와요.	[오유가 데마셍] お湯が 出ません。
드라이기가 안 돼요.	[도라이야-가 츠카에마셍] ドライヤーが 使えません。
화장실이 막혔어요.	[토이레가 츠마리마시타] トイレが 詰まりました。
휴지가 없어요.	[팃슈가 아리마셍] ティッシュが ありません。
방에 바퀴벌레가 나왔어요.	[헤야니 고키부리가 데마시타] 部屋に ゴキブリが 出ました。

03
길거리 ⚐

일본에서는 유명 관광지뿐만 아니라 평범한 거리에서도 즐거움을 느낄 수 있습니다. 주택가 골목을 지나가면 어디선가 짱구가 달려 나올 것만 같고, 동네 기찻길도 애니메이션에서 언젠가 본 적이 있는 장면 같거든요.

요즘은 지도 APP이 잘되어 있어서, 여행지에서 굳이 길을 물을 필요가 없어진 것 같아요. 그렇지만 지도만 보고 걷다 보면 이렇게 감성 넘치는 일본의 거리를 놓칠 수 있어요. 색색의 자판기부터 생활감이 느껴지는 자전거, 파란 하늘과 하얀 구름이 높게 쌓인 낮의 거리, 밤거리의 화려한 네온사인 간판도 전부 눈에 꼭꼭 담아 보세요.

또한 벚꽃 축제, 불꽃놀이, 눈 축제 등 각종 행사 때에는 일상적인 공간이 행사 장소로 변모하기 때문에 두 가지 공간을 모두 체험할 수 있어요. 가보고 싶은 축제가 있다면, 여행 시기를 맞춰서 방문해 보세요.

그리고 일본어를 배우고 일본에 놀러 가는데, 기왕이면 일본인과 대화도 해 보세요! 모르는 것이 있다면, 궁금한 것이 있다면, 부탁할 것이 있다면 두려워하지 말고 말을 걸어 봅시다. 말을 거는 사람이 긴장하면 듣는 사람도 긴장하게 돼요. 웃음은 세계 공통어라고 하잖아요. 웃으면서 정중하게 이야기한다면 상대방도 경계를 풀고 마음을 열어줄 거예요.

길거리 표지판 일본어

立ち入り禁止
출입 금지
[타치이리 킹시]

コインロッカー
코인 로커
[코인 록카-]

喫煙禁止
흡연 금지
[키츠엔 킹시]

止まれ
멈추시오
[토마레]

停止
정지
[테-시]

入口・出口
입구/출구
[이리구치, 데구치]

点検中
점검 중
[텐켄 츄-]

開館時間
개관 시간
[카이칸 지캉]

閉館時間
폐관 시간
[헤-칸 지캉]

足元注意
발밑 주의
[아시모토 츄-이]

故障
고장
[코쇼-]

駆け込み禁止
뛰어들기 금지
[카케코미 킹시]

01 길을 물을 때

타케시타 거리에는 어떻게 가야 하나요?	[타케시타도-리와 도- 이케바 이-데스까] 竹下通り*は どう 行けば いいですか。 * 일본의 10대들이 자주 가는 시부야의 거리예요. 아기자기한 옷 가게, 파르페 가게 등이 많아요.
신사이바시까지 걸어서 갈 수 있나요?	[신사이바시마데 아루이테 이케마스까] 心斎橋まで 歩いて 行けますか。
여기가 신주쿠 산초메인가요?	[코코가 신주쿠 산초-메데스까] ここが 新宿 三丁目*ですか。 * 각종 기념품 가게와, 명품 숍, 백화점 등이 있어서 쇼핑하기 좋은 거리예요.
이 거리의 이름은 뭔가요?	[코노 마치노 나마에와 난데스까] この 街の 名前は なんですか。
북쪽 중앙 출입구는 어디인가요?	[키타츄-오-구치와 도코데스까] 北中央口は どこですか。
가까운 곳에 택시 승강장이 있나요?	[치카쿠니 타쿠시- 노리바와 아리마스까] 近くに タクシー 乗り場は ありますか。
(지도를 보여주며) 이 스타벅스는 어떻게 가면 되나요?	[코노 스타바와 도-얏테 이케바 이-데스까] この スタバ*は どうやって 行けば いいですか。 * 일본인들은 스타벅스를 '스타바'로 줄여서 불러요.
시조 방면 버스 정류장은 어디인가요?	[시조- 호-멘노 바스테-와 도코데스까] 四条 方面の バス停は どこですか。

02 길을 잃었을 때

저기요, 길을 잃어버렸어요.	[스미마셍, 미치니 마욧테 시마이마시타] すみません、道に 迷って しまいました。
(지도를 보여주며) 여기가 어디인지 모르겠어요.	[코코가 도코나노까 와카리마셍] ここが どこなのか わかりません。
오도리 공원까지 가는 방법을 모르겠어요.	[오-도-리코-엔마데 이쿠 호-호-가 와카리마셍] 大通公園*まで 行く 方法が わかりません。 * 삿포로 도심에 위치한 큰 공원으로 눈 축제 등 각종 행사가 열립니다.
얼마나 걸릴까요?	[도노쿠라이 카카리마스까] どのくらい かかりますか。
이 길을 쭉 가면 되나요?	[코노 미치오 맛스구 이케바 이-데스까] この 道を まっすぐ 行けば いいですか。
걸어서 갈 수 있나요?	[아루이테 이케마스까] 歩いて 行けますか。

03 말을 못 알아들었을 때

조금만 더 천천히 말해 주세요.	[모- 춋토 윳쿠리 하나시테 쿠다사이] もう ちょっと ゆっくり 話して ください。

한 번 더 말해 주실 수 있나요?	[모- 이치도 잇테 모랏테모 이-데스까] もう 一度 言って もらっても いいですか。
(번역기 APP을 보여주며) 여기에 적어 주실 수 있나요?	[코코니 카이테 모랏테모 이-데스까] ここに 書いて もらっても いいですか。

04 기타 상황에서

좋은 분위기의 동네네요.	[이- 훙이키노 마치데스네] いい 雰囲気の 町ですね。
줄이 엄청 기네요.	[다이교-레츠데스네] 大行列ですね。
사진 찍어 주실 수 있나요?	[샤신 톳테 모랏테모 이-데스까] 写真 撮って もらっても いいですか。
영상 찍어 주실 수 있나요?	[도-가 톳테 모랏테모 이-데스까] 動画 撮って もらっても いいですか。

04

식당 🍜

여행의 꽃은 역시 음식이죠! 특히 일본은 맛있는 먹거리가 참 많은데요. 여행지에서 먹고 싶은 음식을 정리한 먹킷 리스트를 만들고, 그 일정을 소화하는 것만으로도 충분히 즐거운 여행이 될 수 있습니다. 일본에서 식당을 이용할 때 유용한 팁을 몇 가지 소개할게요.

먼저, 한국어 메뉴판이 있는지 물어보세요. 의외로 한국어 메뉴판이 있는 가게들이 많기 때문에 편하게 음식을 고를 수 있습니다. 만약 한국어 메뉴판이 없더라도, 번역 APP의 이미지 번역 기능을 이용하면 쉽게 주문할 수 있을 거예요. 그래도 메뉴 결정이 고민된다면 점원에게 추천을 받아 보세요.

그리고 유명한 맛집이라면 평일이어도 예약이 필요한 경우가 많습니다. 꼭 가보고 싶은 가게라면 방문 전에 예약 가능 여부를 확인하고, 가능하다면 예약을 미리 해두는 것을 추천해요. 혹시 웨이팅을 하는 경우에는 대기 번호표가 따로 있어 비교적 편하게 대기할 수 있어요.

그런데 음식점 예약이나 대기하는 것을 선호하지 않는 분도 있을 거라고 생각해요. 그렇다면 근처에서 맛집을 발굴해 보는 건 어떨까요? 그 지역의 대표 음식이라면 파는 가게들이 꽤 있을 거예요. 구글 맵으로 그 음식 이름만 검색해서 가까운 순서로 정렬한 뒤, 리뷰와 가격을 보고 괜찮다 싶으면 그냥 발을 옮겨보는 거예요. 저는 그렇게 해서 간 가게 중에 실패는 없었답니다.

식당 표지판 일본어

ラストオーダー 마지막 주문 **[라스트 오-다-]**	コンビニ 편의점 **[콤비니]**	レストラン 레스토랑 **[레스토랑]**
ラーメン屋 라멘 가게 **[라-멩야]**	定食 정식 **[테-쇼쿠]**	セットメニュー 세트 메뉴 **[셋토 메뉴-]**
おすすめ 추천 **[오스스메]**	持ち帰り 포장 **[모치카에리]**	店内 가게 안 **[텐나이]**
食べ放題 음식 무제한 **[타베 호-다이]**	デザート 디저트 **[데자-토]**	お会計 계산 **[오카이케-]**

01 음식점

한 명입니다.	[히토리데스] 一人です。 * 후타리(二人, 두 명) / 산닌(三人, 세 명) / 요닌(四人, 네 명) / 고닌(五人, 다섯 명)
테이블석으로 부탁드려요.	[테-부루세키데 오네가이시마스] テーブル席で お願いします。
혹시 한국어 메뉴판 있나요?	[모시카시테 캉코쿠고노 메뉴- 아리마스까] もしかして 韓国語の メニュー ありますか。
추천하는 메뉴 있나요?	[오스스메노 메뉴- 아리마스까] おすすめの メニュー ありますか。
어떤 메뉴인지 알려 주세요.	[돈나 메뉴-나노까 오시에테 쿠다사이] どんな メニューなのか 教えて ください。
이걸로 부탁드려요.	[코레데 오네가이시마스] これで お願いします。
어린이용 세트도 주문할 수 있나요?	[오코사마셋토모 츄-몽 데키마스까] お子様セットも 注文 できますか。
나올 때까지 얼마나 걸리나요?	[데루마데 도노쿠라이 카카리마스까] 出るまで どのくらい かかりますか。
이 음식의 이름은 무엇인가요?	[코노 료-리노 나마에와 난데스까] この 料理の 名前は なんですか。

47

(젓가락, 앞접시, 컵 등에) 뭐가 묻어 있는데 교환할 수 있나요?	[난카 츠이테룬데스케도 코-캉 데키마스까] 何か 付いてるんですけど 交換 できますか。
시원한 물 부탁드려요.	[오히야 오네가이시마스] お冷 お願いします。
카드 쓸 수 있나요?	[카-도 츠카에마스까] カード 使えますか。
계산 부탁드려요.	[오카이케- 오네가이시마스] お会計 お願いします。

02 편의점에서

젓가락 부탁드려요.	[하시 오네가이시마스] 箸 お願いします。
스푼 하나 더 받을 수 있나요?	[스푼 모- 히토츠 모라에마스까] スプーン もう 一つ もらえますか。
데워 주세요.	[아타타메테 쿠다사이] 温めて ください。

03 초밥집에서

연어 부탁드려요.	[사-몽 오네가이시마스] サーモン お願いします。
고추냉이는 빼 주세요.	[와사비와 누이테 쿠다사이] わさびは 抜いて ください。

04 패스트푸드점에서

빅맥 세트 하나 부탁드려요.	[빅쿠막쿠셋토 히토츠 오네가이시마스] ビッグマックセット 一つ お願いします。
제로콜라 되나요?	[제로코-라 데키마스까] ゼロコーラ できますか。
포장입니다.	[모치카에리데스] 持ち帰りです。
여기서 먹을 거예요.	[코코데 타베마스] ここで 食べます。

이자카야 🍶

일본 여행을 120% 즐기기 위해서 제가 가장 추천하는 곳은 바로 주점입니다. 오코노미야끼, 꼬치 구이, 쿠시카츠 등 다양한 음식을 즐길 수 있을 뿐만 아니라, 편한 분위기에서 현지인들과 소통하기 쉬운 곳이기 때문이에요. 일본 술집에 대한 정보를 몇 가지 알려드릴게요!

먼저, 이 장의 제목이기도 하고, 많은 분들이 '일본식 주점'이라는 뜻으로 알고 있는 이자카야(居酒屋)는 사실 '앉아서 마시는 술집'이라는 뜻입니다. 이 외에도 '서서 마시는 술집'인 타치노미(立ち飲み), 적은 인원이 오붓하게 마실 수 있는 바(BAR)가 있어요. 여러가지 콘셉트의 가게를 기분에 따라 선택하며, 일본 여행을 더욱 깊게 즐겨 보세요.

그리고 기본 안주가 유료라는 점이 우리나라와 다릅니다. 대부분의 일본 술집은 자릿세 겸으로 간단한 안주가 나와요. 이걸 오토-시(お通し)라고 하는데요. 이건 주문하지 않아도 나오는 것이므로, 나중에 계산서를 보고 당황하지 않도록 기억해 둡시다.

이 장에는 이자카야에서 주문하는 법 외에도, 다른 손님과 소통할 수 있는 스몰톡 표현들을 담아 봤습니다. 일본 사람들과 소통하고, 다양한 음식, 음료와 분위기를 경험하며 즐거운 시간을 보내세요! 말 거는 게 어렵다고요? 그럼 이렇게 시작해 보세요. "감빠이시마셍까?(乾杯しませんか, 건배하시겠어요?)"

이자카야 표지판 일본어

生ビール
생맥주
[나마비-루]

立ち飲み
서서 마시는 술집
[타치노미]

バー
바
[바-]

おつまみ
안주
[오츠마미]

飲み放題
음료 무제한
[노미호-다이]

飲み屋
술집
[노미야]

ジョッキ
맥주잔
[죳키]

ハッピーアワー
해피아워
[핫피-아와-]

* 손님이 적은 시간에 메뉴를 저렴한 가격으로 판매하는 시간입니다.

串カツ
꼬치 튀김
[쿠시카츠]

お通し
오토시
[오토-시]

* 자릿세 개념으로 나오는 기본 안주를 말하며, 가격은 1인당 300~500엔 정도예요.

チャージ
자릿세
[챠-지]

* 자릿세가 따로 있는 경우가 있어요.

おかわり
하나 더
[오카와리]

* 밥이나 음료 등을 추가 주문할 때 쓰는 단어입니다.

01 주문할 때

카운터석에 앉아도 되나요?	[카운타-세키니 스왓테모 이-데스까] カウンター席に 座っても いいですか。
우선 생맥주로 부탁드려요.	[토리아에즈 나마비-루데 오네가이시마스] とりあえず 生ビールで お願いします。
이 메뉴에 어울리는 술은 무엇인가요?	[코노 메뉴-니 아우 오사케와 난데스까] この メニューに 合う お酒は なんですか。
쓰지 않은 술은 어떤 게 있나요?	[니가쿠나이 오사케와 나니가 아리마스까] 苦くない お酒は 何が ありますか。
음료 무제한은 몇 시까지인가요?	[노미호-다이와 난지마데데스까] 飲み放題は 何時までですか。
이건 오토시인가요?	[코레와 오토-시데스까] これは お通しですか。

02 다른 손님과 이야기를 나눌 때

옆에 앉아도 되나요?	[토나리니 스왓테모 이-데스까] 隣に 座っても いいですか。
건배하시겠어요?	[감빠이시마셍까] 乾杯しませんか。

저는 한국인이에요.	[와타시와 캉코쿠진데스] 私は 韓国人 です。
여행하러 왔어요.	[료코-니 키마시타] 旅行に 来ました。
저는 애니메이션을 좋아해요.	[와타시와 아니메가 스키데스] 私は アニメが 好きです。
몇 살이세요?	[오이쿠츠데스까] おいくつですか。
좋아하는 드라마 있으세요?	[스키나 도라마 아리마스까] 好きな ドラマ ありますか。
좋아하는 아티스트 있나요?	[스키나 아-티스토 이마스까] 好きな アーティスト いますか。
(칭찬을 들었을 때 ①) 과찬이세요.	[톤데모나이데스] とんでもないです。
(칭찬을 들었을 때 ②) 아직 멀었어요.	[마다마다데스] まだまだです*。 * 일본어를 잘한다고 칭찬을 받을 때 할 수 있는 말입니다.
여기 자주 오세요?	[코코 요쿠 키마스까] ここ よく 来ますか。

53

뭐 시키셨어요?	[나니 타노미마시타까] なに 頼みましたか。
인스타그램 교환하실래요?	[인스타 코-캉시마셍까] インスタ 交換しませんか。
만나서 반가웠어요.	[오아이 데키테 우레시캇타데스] お会い できて 嬉しかったです。

03 점원과 교류할 때

여기 진짜 맛있네요.	[코코 혼토-니 오이시-데스네] ここ 本当に おいしいですね。
친구한테도 소개할게요.	[토모다치니모 쇼-카이시마스] 友達にも 紹介します。
지금까지 갔던 이자카야 중에 최고예요.	[이마마데 잇타 이자카야노 나카데 이치방데스] 今まで 行った 居酒屋の 中で 一番です。
멋진 가게네요.	[스테키나 오미세데스네] 素敵な お店ですね。
잘 먹었습니다.	[고치소-사마데시타] ごちそうさまでした。

06

쇼핑 🛍

해외여행에 있어 쇼핑은 빠질 수 없는 필수 코스죠. 특히 일본은 쇼핑을 좋아하는 사람에게는 천국과 같은 곳이에요. 일본에서 쇼핑할 때 어떤 점이 좋은지 알아볼 게요.

먼저, 일본에서는 여러분이 어떤 분야에 관심이 있든 간에 그 분야의 물건만 파는 거리를 찾을 수 있다고 해도 과언이 아닙니다. 애니메이션을 좋아하시나요? 굿즈, 피규어, 코스프레의 성지 도쿄 아키하바라에 가 보세요! 빈티지 옷을 좋아하나요? 시모키타자와는 어떠세요? 일본 최대의 명품 거리인 긴자도 색다른 경험이 될 거예요. 일본의 부엌이라고도 불리는 오사카의 쿠로몬 시장과 교토의 니시키 시장에도 들러 보세요!

그리고 기념품을 사는 것이 너무나 쉽습니다. 귀여운 캐릭터 상품, 장인 정신이 느껴지는 전통 공예품, 소원을 이뤄주는 오마모리(부적) 등 다양한 선택지가 있습니다. 또한 무인양품, 유니클로는 우리나라에도 있는 브랜드이지만 매장도 훨씬 크고, 다양한 상품들을 팔고 있어서 가볼 만합니다.

또한 많은 가게에서 면세 혜택을 받을 수 있는데요. 면세가 가능한 가게들은 입구에 TAX FREE라고 적혀 있어요. 다만 5,000엔 이상 구매해야 면세가 가능하고, 여권이 필요합니다. 그리고 면세품의 교환이나 환불은 절차가 복잡하다는 점을 유의해 주세요.

쇼핑 표지판 일본어

免税
면세
[멘제-]

限定版
한정판
[겐테-방]

売り切れ
품절
[우리키레]

税込
세금 포함
[제-코미]

営業時間
영업시간
[에-교- 지캉]

閉店
폐점
[헤-텡]

割引クーポン
할인 쿠폰
[와리비키 쿠-퐁]

一番くじ
제일복권
[이치방쿠지]

* 주로 굿즈샵에 많은 제비
뽑기 상품으로, 카운터에
서 진행할 수 있어요.

レシート
영수증
[레시-토]

試着室
탈의실
[시차쿠시츠]

フェイスカバー
페이스 쉴드
[훼이스 카바-]

* 가게에서 옷을 입어볼 때,
옷에 화장이 묻지 않게끔 얼
굴에 덮어쓰는 천을 말해요.

袋
봉투
[후쿠로]

* 비닐봉투는 레지 부쿠로(レ
ジ袋), 종이 쇼핑백은 카미
부쿠로(紙袋)라고 해요.

01 쇼핑할 때

면세 되나요?	[멘제- 데키마스까] 免税 できますか.
여권 부탁드립니다.	[파스포-토오 오네가이시마스] パスポートを お願いします。
결제 방법은 어떻게 되시나요?	[오시하라이 호-호-와 도- 나사이마스까] お支払い 方法は どう なさいますか。
카드로 부탁드립니다.	[쿠레짓토데 오네가이시마스] クレジット*で お願いします。 * 일본에서는 신용 카드를 쿠레짓토라고 해요. 결제할 때 "쿠레짓토데(クレジッ トで, 카드로요.)"라고만 해도 통한답니다.
카드의 경우, 수수료가 드는데 괜찮으신가요?	[카-도노 바-이 테스-료-가 카카리마스가 다이죠-부데스까] カードの 場合、手数料が かかりますが 大丈夫ですか。
(카드를) 넣거나 터치 부탁드립니다.	[사시코미카 탓치데 오네가이시마스] 差し込みか タッチで お願いします。
영수증은 괜찮습니다.	[레시-토와 다이죠-부데스] レシートは 大丈夫です。
봉투 필요하신가요?	[후쿠로와 고리요-데스까] 袋は ご利用ですか。
선물 포장 부탁해도 되나요?	[푸레젠토노 랏핑구오 오네가이 데키마스까] プレゼントの ラッピングを お願い できますか。

02 옷 가게에서

입어볼 수 있나요?	[시챠쿠 데키마스까] 試着 できますか。
새 상품 있나요?	[신삥와 아리마스까] 新品は ありますか。
레인 커버 있나요?	[레인카바-와 아리마스까] レインカバーは ありますか。 * 비가 오는 날 종이 쇼핑백이 젖지 않게끔 쇼핑백에 씌우는 비닐을 말합니다.
이거 조금 더 큰 사이즈 있나요?	[코레노 모- 춋토 오-키- 사이즈 아리마스까] これの もう ちょっと 大きい サイズ ありますか。

03 화장품 가게, 드럭스토어에서

(사진을 보여주며) 이걸 찾고 있는데요···.	[코레오 사가시테이룬데스케도···] これを 探しているんですけど···。
이 제품은 여기 있는 게 전부인가요?	[코노 쇼-힝와 코코니 아루노가 젬부데스까] この 商品は ここに あるのが 全部ですか。
발라봐도 되나요?	[눗테미테모 이-데스까] 塗ってみても いいですか。

뭐가 어울린다고 생각하시나요?	[나니가 니아우토 오모이마스까] 何が 似合うと 思いますか。 * 혼자서 결정하는 게 고민이 될 때 이 문장으로 물어보세요!

04 교환, 환불할 때

어제 샀는데요, 다른 사이즈로 교환할 수 있나요?	[키노- 캇탄데스케도 호카노 사이즈니 코-캉 데키마스까] 昨日 買ったんですけど、他の サイズに 交換 できますか。
이거 반품할 수 있나요?	[코레 헴삥 데키마스까] これ 返品 できますか。
영수증을 보여 주세요.	[레시-토오 미세테 쿠다사이] レシートを 見せて ください。

07
관광지 🏯

일본은 '관광의 나라'라는 명성에 걸맞게 전국적으로 관광 인프라가 잘 갖추어져 있습니다. 국내외 관광객들이 쾌적하고 편리한 여행을 할 수 있도록 다양한 시설과 서비스를 제공하고 있습니다. 여러분의 여행 로망을 이뤄줄 지역을 찾아서 여행 계획을 세워 보세요.

일본의 대표적인 테마파크인 유니버셜 스튜디오 재팬(USJ), 디즈니랜드는 입장권의 가격이 우리나라의 테마파크에 비해 높습니다. 하지만 들어가 보면 왜 이 가격을 받는지 바로 이해가 될 정도로 퀄리티가 높아요. 여행 액티비티 예약 플랫폼인 클룩, 마이리얼트립, 케이케이데이 등에서 미리 티켓을 구매할 수 있고, 현지에서 인터넷이 안 터질 때를 대비해 입장권을 구매하고 큐알코드를 미리 캡처하거나 인쇄해 두면 좋습니다.

그리고 오사카에 간다면 주유 패스를 활용해 보세요. 오사카 주유 패스는 우메다 공중정원 전망대 같은 오사카의 관광지 50여 곳을 무료로 이용하고, 시내 전철과 버스를 무제한으로 이용할 수 있는 관광 승차권이에요. 오사카의 경우, 주요 관광지가 가깝게 모여 있는 편이어서 주유 패스를 제대로 활용할 수 있습니다. 이 또한 여행 액티비티 예약 플랫폼에서 미리 구매할 수 있어 편리합니다.

관광지 표지판 일본어

観光案内所
관광 안내소
[캉코- 안나이쇼]

パンフレット
팸플릿
[팡후렛토]

入場料
입장료
[뉴-죠-료-]

公演時間
공연 시간
[코-엔 지캉]

休館
휴관
[큐-캉]

チケットカウンター
매표소
[치켓토 카운타-]

写真撮影禁止
사진 촬영 금지
[샤신 사츠에- 킹시]

フラッシュ禁止
플래시 금지
[후랏슈 킹시]

携帯使用禁止
휴대전화 사용 금지
[케-타이 시요- 킹시]

持ち込み禁止
반입 금지
[모치코미 킨시]

自撮り棒禁止
셀카봉 금지
[지도리보- 킹시]

シングルライダー
싱글 라이더
[싱구루 라이다-]

* 놀이 기구에 공석이 생기면 혼자 온 사람을 우선 안내하는 시스템

01 놀이공원, 공원에서

유니버셜 스튜디오에 가려면 어디에서 타면 되나요?	[유니바니 이쿠니와 도코데 노레바 이-데스까] ユニバに 行くには どこで 乗れば いいですか。
이건 싱글 라이더 없나요?	[코레와 싱구루라이다- 나이데스까] これは シングルライダー ないですか。
재입장 되나요?	[사이뉴-죠- 데키마스까] 再入場 できますか。
(놀이공원 캐릭터에게) 같이 사진 찍어도 괜찮을까요?	[잇쇼니 샤신 톳테모 이-데스까] 一緒に 写真 撮っても いいですか。
오늘, 제 생일인데 스티커 받을 수 있나요?	[쿄-, 와타시노 탄죠-비난데스케도 시-루 모라에마스까] 今日、私の 誕生日なんですけど シール もらえますか。

02 유명 관광지에서

사진 찍어 주실 수 있나요?	[샤신 톳테 모랏테모 이-데스까] 写真 撮って もらっても いいですか。
이 신사는 어떤 신사인가요?	[코노 진쟈와 돈나 진쟈데스까] この 神社は どんな 神社ですか。

62

여기는 주유 패스 쓸 수 있나요?	[코코와 슈-유-파스 츠카에마스까] ここは 周遊パス 使えますか。
스카이트리는 어디로 가면 되나요?	[스카이츠리-와 돗치니 이케바 이-데스까] スカイツリー*は どっちに 行けば いいですか。 * 일본에서 가장 높은 타워로, 도쿄의 전경이 한눈에 내려다보이는 전망대로 유명 해요.

03 온천에서

온천 예약을 하고 싶은데요….	[온센노 요야쿠오 시타인데스케도…] 温泉の 予約を したいんですけど…。
샴푸와 비누 있어요?	[샴푸-토 셋켄 아리마스까] シャンプーと 石鹸 ありますか。 * 보통은 있지만 혹시 모르니 확인하세요.
노천탕 이용시간은 언제까지인가요?	[로텐부로노 리요-지칸와 이츠마데데스까] 露天風呂の 利用時間は いつまでですか。
수건 한 장 더 받을 수 있을까요?	[타오루 모- 이치마이 모라에마스까] タオル もう 一枚 もらえますか。
수건 값은 별도인가요?	[타오루 다이와 베츠데스까] タオル 代は 別ですか。

04 공연, 축제에서

포장마차는 어디에 있나요?	[야타이와 도코니 아리마스까] 屋台は どこに ありますか。
불꽃놀이는 언제 시작하나요?	[하나비와 이츠 하지마리마스까] 花火は いつ 始まりますか。
퍼레이드는 언제부터인가요?	[파레-도와 이츠카라데스까] パレードは いつからですか。
공연은 언제인가요?	[코-엥와 이츠데스까] 公演は いつですか。

05 관광 안내, 기타 상황에서

이 줄은 무슨 줄인가요?	[코노 레츠와 난노 레츠데스까] この 列は 何の 列ですか。
사진 촬영해도 되나요?	[샤신 사츠에-와 데키마스까] 写真 撮影は できますか。

08
위급 🚨

여행 중에는 예상치 못한 위급 상황이 발생할 수 있습니다. 갑자기 몸이 아프거나, 소매치기를 당하거나, 범죄에 휘말릴 수도 있겠죠.

이런 여러 가지 위급 상황이 있지만, 현실적으로는 분실 사고가 발생할 확률이 높습니다. 짐이 많다 보면, 작은 가방 같은 것은 존재를 잊기가 쉬운데요. 보통 작은 가방 안에는 지갑이나 여권 등 작고 중요한 것들을 넣기 마련입니다. 물건을 분실했다면, 먼저 잃어버린 장소로 돌아가세요. 일본에서는 분실물을 찾을 확률이 꽤 높습니다.

혹시 여권을 잃어버렸다면 한국 대사관이 아닌 파출소나 경찰서부터 방문하세요. 여권을 재발급받기 위해서는 '분실 신고 증명서'라는 것이 필요한데요, 그건 파출소나 경찰서에서 발급받을 수 있기 때문이에요.

그리고 스마트폰도 분실하면 큰일이죠. 스마트폰은 지도, 번역기, 카메라, 메모, 시계, 지갑 등 엄청나게 많은 역할을 하기 때문에, 특히 주의해야 합니다.

이런 사고에 대해 미리 준비하되, 실제로 그런 일이 일어난다면 너무 걱정하며 여행을 망치지는 마세요. 대부분은 해결할 수 있는 것들이 많습니다. 또 이런저런 일이 있으니 여행이죠!

이 장에서는 이럴 때 현지인에게 도움을 요청하는 부탁 표현을 담아 보았어요. 부디 안전하고 즐겁게 여행을 마칠 수 있기를 바라요!

위급 표지판 일본어

危険
위험
[키켕]

警告
경고
[케-코쿠]

お忘れ物
センター
분실물 센터
[오와스레모노 센타-]

警察
경찰
[케-사츠]

交番
파출소
[코-방]

銀行
은행
[깅코-]

非常口
비상구
[히죠-구치]

地震速報
지진 속보
[지신 소쿠호-]

避難所
대피소
[히난죠-]

案内所
안내소
[안나이쇼]

病院
병원
[뵤-잉]

薬局
약국
[약쿄쿠]

01 **공항에서**

늦어서 비행기에 못 탔어요.	[치코쿠시테 히코-키니 노레마셍데시타] 遅刻して 飛行機に 乗れませんでした。
제 짐이 보이지 않아요.	[와타시노 니모츠가 미츠카리마셍] 私の 荷物が 見つかりません。
검은색 캐리어예요.	[쿠로이 스-츠케-스데스] 黒い スーツケースです。
항공권을 잃어버렸어요.	[코-쿠-켕오 나쿠시마시타] 航空券を なくしました。

02 **전철, 지하철, 열차에서**

분실물 센터는 어디인가요?	[오와스레모노센타-와 도코데스까] お忘れ物センターは どこですか。
전철에 가방을 놓고 내렸는데요….	[덴샤니 카방오 오키와스레챳탄데스케도…] 電車に カバンを 置き忘れちゃったんですけど…。
지갑을 소매치기 당했어요.	[사이후오 스리니 토라레마시타] 財布を スリに 取られました。

03 도움을 청할 때

저 외국인인데요….	[와타시 가이코쿠진난데스케도…] 私 外国人なんですけど…。 * 부탁할 때 수상한 사람처럼 보이지 않게 처음에 외국인이라고 운을 떼는 게 좋아요.
저기 죄송한데, 좀 도와주세요.	[아노- 스미마셍, 춋토 테츠닷테 쿠다사이] あの すみません、ちょっと 手伝って ください。
잠시 전화를 빌릴 수 있을까요?	[춋토 뎅와 카리테모 이-데스까] ちょっと 電話 借りても いいですか。
(휴대폰의) 전원이 꺼져서 잠시 충전할 수 있나요?	[뎅겐가 키레타노데, 스코시 쥬-덴 데키마스까] 電源が 切れたので、少し 充電 できますか。

04 경찰서, 파출소에서

지갑을 잃어버렸어요.	[사이후오 나쿠시마시타] 財布を なくしました。
여권을 잃어버렸어요.	[파스포-토오 나쿠시마시타] パスポートを なくしました。
분실 신고 증명서를 받을 수 있을까요?	[훈시츠토도케 쇼-메-쇼오 모라에마스까] 紛失届 証明書を もらえますか。 * 여권을 분실했을 때, 대사관에 가기 전에 경찰서나 파출소에서 분실 신고 증명서를 받아가야해요.

05 말이 안 통할 때

영어 할 수 있나요?	[에-고 데키마스까] 英語 できますか。
잘 못 알아듣겠어요.	[요쿠 키키토레마셍] よく 聞き取れません。
(번역기 APP을 보여주며) 여기에 말씀해 주실 수 있나요?	[코코니 하나시테 쿠다사이마셍까] ここに 話して くださいませんか。
한 번 더 말해 주세요.	[모- 이치도 하나시테 쿠다사이] もう 一度 話して ください。

06 병원, 약국에서

배가 아파요.	[오나카가 이타이데스] お腹が 痛いです。
감기약 부탁드려요.	[카제구스리 오네가이시마스] 風邪薬 お願いします。
머리가 아파요.	[아타마가 이타이데스] 頭が 痛いです。

부록
- 숫자, 날짜, 시간 읽는 법
- 바로 찾아 빨리 쓰는 상황별 단어

MP3 듣기

01 **숫자**

🔊 5_01.mp3

일본어로 숫자 읽는 법은 우리나라와 똑같습니다. 우리는 개수를 셀 때는 "하나, 둘, 셋...", 기본적으로는 "일, 이, 삼..." 두 가지 방법으로 읽는데요, 일본 사람들도 그렇습니다. 그리고 **우리말로 21을 '이(2)+십(10)+일(1)'이라고 읽듯이, 일본어로는 '니(2)+쥬(10)+이치(1)'로 읽습니다.** 다만 예외가 많이 있으니 주의하세요!

❶ 0~90

한 개	히토츠 ひとつ	0	레- れい・제로 ゼロ・마루 まる		
두 개	후타츠 ふたつ	1	이치 いち	10	쥬- じゅう
세 개	밋츠 みっつ	2	니 に	20	니쥬- にじゅう
네 개	욧츠 よっつ	3	산 さん	30	산쥬- さんじゅう
다섯 개	이츠츠 いつつ	4	욘 よん・시 し	40	욘쥬- よんじゅう
여섯 개	뭇츠 むっつ	5	고 ご	50	고쥬- ごじゅう
일곱 개	나나츠 ななつ	6	로쿠 ろく	60	로쿠쥬- ろくじゅう
여덟 개	얏츠 やっつ	7	나나 なな・시치 しち	70	나나쥬- ななじゅう
아홉 개	코코노츠 ここのつ	8	하치 はち	80	하치쥬- はちじゅう
열 개	토- とお	9	큐- きゅう・쿠 く	90	큐-쥬- きゅうじゅう

- 0은 기본적으로는 れい[레-]라고 읽지만, 영어인 **ゼロ[제로]**로도 읽고, 상표나 호실에 들어가는 경우에는 동그라미를 뜻하는 **まる[마루]**라고도 읽습니다.
  (**Ex** 시부야 109 [**시부야 이치마루큐-**], 401호실 [**욘마루이치 고 - 시츠**])
- 4, 7, 9는 뒤에 오는 단어에 따라 읽는 법이 바뀌는데, 주로 よん[욘], なな[나나], きゅう [큐-]로 읽습니다.

❷ 100~90,000

100	햐쿠 ひゃく	1,000	센 せん	10,000	이치망 いちまん
200	니햐쿠 にひゃく	2,000	니센 にせん	20,000	니망 にまん
300	삼뱌쿠 さんびゃく	3,000	산젠 さんぜん	30,000	삼망 さんまん
400	용햐쿠 よんひゃく	4,000	욘센 よんせん	40,000	욤망 よんまん
500	고햐쿠 ごひゃく	5,000	고센 ごせん	50,000	고망 ごまん
600	록퍄쿠 ろっぴゃく	6,000	로쿠센 ろくせん	60,000	로쿠망 ろくまん
700	나나햐쿠 ななひゃく	7,000	나나센 ななせん	70,000	나나망 ななまん
800	합퍄쿠 はっぴゃく	8,000	핫센 はっせん	80,000	하치망 はちまん
900	큐-햐쿠 きゅうひゃく	9,000	큐-센 きゅうせん	90,000	큐-망 きゅうまん

- 300 / 600 / 800은 발음이 바뀌니 주의하세요.
- 3,000 / 8,000은 발음이 바뀌니 주의하세요.
- 10 / 100 / 1,000과 달리 10,000은 1만이라고 앞에 1(いち[이치])을 붙여서 읽습니다.

02 날짜

🎧 5_02.mp3

❶ 월

1월	이치가츠 いちがつ
2월	니가츠 にがつ
3월	산가츠 さんがつ
4월	시가츠 しがつ
5월	고가츠 ごがつ
6월	로쿠가츠 ろくがつ
7월	시치가츠 しちがつ
8월	하치가츠 はちがつ
9월	쿠가츠 くがつ
10월	쥬-가츠 じゅうがつ
11월	쥬-이치가츠 じゅういちがつ
12월	쥬-니가츠 じゅうにがつ

- 월은 일반 숫자 읽는 법 뒤에 '월(月)'을 의미하는 がつ[가츠]를 붙여요.
- 4는 주로 よん[욘]으로 읽지만, 4월은 しがつ[시가츠]로 읽어요.
- 9는 주로 きゅう[큐]로 읽지만, 9월은 くがつ[쿠가츠]로 읽어요.

연휴 관련 정보

1월
1월 1일부터 1월 3일까지 신정(설날) 연휴입니다. 이때는 거의 대부분의 가게가 문을 닫기 때문에 일본인들은 미리 음식 등을 사둬요.

4월~5월
일본에는 4월 말에서 5월 초에 걸친 황금 연휴인 '골든 위크'가 있어요. 보통 4월 29일부터 5월 5일인 경우가 많지만, 주말이 끼면 더 길어지는 경우가 있어요.

8월
8월 15일은 일본의 추석인 오봉(お盆)이에요. 15일 전후로 최대 일주일가량을 쉽니다. 이 시기에는 귀성 인파로 인해 기차표를 구하기 어려울 수 있습니다.

12월
일본에서도 크리스마스는 특별합니다. 이 시기에 여행을 생각 중이라면 호텔이나 음식점을 미리 예약해두는 걸 추천해요!

❷ 일

1일	츠이타치 ついたち	11일	쥬-이치니치 じゅういち	21일	니쥬-이치니치 にじゅういち
2일	후츠카 ふつか	12일	쥬-니니치 じゅうに	22일	니쥬-니니치 にじゅうににち
3일	밋카 みっか	13일	쥬-산니치 じゅうさん	23일	니쥬-산니치 にじゅうさんにち
4일	욧카 よっか	14일	쥬-욧카 じゅうよっか	24일	니쥬-욧카 にじゅうよっか
5일	이츠카 いつか	15일	쥬-고니치 じゅうごにち	25일	니쥬-고니치 にじゅうごにち
6일	무이카 むいか	16일	쥬-로쿠니치 じゅうろくにち	26일	니쥬-로쿠니치 にじゅうろくにち
7일	나노카 なのか	17일	쥬-시치니치 じゅうしちにち	27일	니쥬-시치니치 にじゅうしちにち
8일	요-카 ようか	18일	쥬-하치니치 じゅうはちにち	28일	니쥬-하치니치 にじゅうはちにち
9일	코코노카 ここのか	19일	쥬-쿠니치 じゅうくにち	29일	니쥬-쿠니치 にじゅうくにち
10일	토-카 とおか	20일	하츠카 はつか	30일	산쥬-니치 さんじゅうにち
				31일	산쥬-이치니치 さんじゅういちにち

- 일자도 기본 숫자 읽는 규칙으로 읽고, 뒤에 '일(日)'을 의미하는 **にち[니치]**를 붙여요.
- 다만 예외가 많은 편입니다. 표시한 일자들은 읽는 법에 유의해 주세요.

❸ 요일

월요일	화요일	수요일	목요일	금요일
게츠요-비 げつようび	카요-비 かようび	스이요-비 すいようび	모쿠요-비 もくようび	킹요-비 きんようび
토요일	**일요일**	**주말**	**평일**	**휴일**
도요-비 どようび	니치요-비 にちようび	슈-마츠 しゅうまつ	헤-지츠 へいじつ	큐-지츠 きゅうじつ

- 요일도 우리나라와 읽는 법이 똑같아요. '월, 화, 수, 목, 금, 토, 일' 뒤에 '요일(曜日)'을 의미하는 ようび[요-비]를 붙여요.
- 주말은 どにち[도니치]라고도 하는데, '토일(土日)'이라는 뜻이에요.
- 일본에서 영화를 보고 싶다면 수요일을 노려보는 건 어떨까요? 대부분의 영화관이 수요일에 할인을 합니다.

❹ 시간대

그저께	어제	오늘	내일	모레
오또토이 おととい	키노- きのう	쿄- きょう	아시타 あした	아삿떼 あさって

지난주	이번주	다음주
센슈- せんしゅう	콘슈- こんしゅう	라이슈- らいしゅう

지난달	이번달	다음달
센게츠 せんげつ	콩게츠 こんげつ	라이게츠 らいげつ

작년	올해	내년
쿄넹 きょねん	코토시 ことし	라이넹 らいねん

아침	점심	저녁	밤
아사 あさ	히루 ひる	유-가타 ゆうがた	요루 よる

03 시간

오전	고젠 ごぜん	오후	고고 ごご

일본에서 시간을 얘기할 때에는 24시간 형식(예_18시)으로 말하는 경우가 많아요. 그래서 12시간 형식으로 얘기할 때에는 시간 앞에 오전이나 오후를 붙여주는 게 좋습니다.

시		분	
1시	이치지 いちじ	1분	잇뿡 いっぷん
2시	니지 にじ	2분	니훙 にふん
3시	산지 さんじ	3분	삼뿡 さんぷん
4시	요지 よじ	4분	욤뿡 よんぷん
5시	고지 ごじ	5분	고훙 ごふん
6시	로쿠지 ろくじ	6분	록뿡 ろっぷん
7시	시치지 しちじ	7분	나나훙 ななふん
8시	하치지 はちじ	8분	합뿡 はっぷん
9시	쿠지 くじ	9분	큐-훙 きゅうふん
10시	쥬-지 じゅうじ	10분	쥽뿡 じゅっぷん
11시	쥬-이치지 じゅういちじ	30분	산쥽뿡 さんじゅっぷん
12시	쥬-니지 じゅうにじ	1시간	이치지캉 いちじかん

- 시는 일반적인 숫자 읽는 법 뒤에 '시(時)'를 의미하는 じ[지]를 붙이면 됩니다.
- 4는 よん[욘]또는 し[시]이지만, 4시는 よじ[요지]로 읽는 점이 특이합니다.
- 7시는 しちじ[시치지], 9시는 くじ[쿠지]로 읽는 것에 유의하세요.
- 분(分)의 기본적인 발음은 ふん[훙]이지만, 이어서 발음하기 쉽게 ぷん[뿡]으로 읽는 경우가 많습니다.
- 30분을 읽을 땐 우리나라와 똑같이 '반(半)'이라고 표현하고, はん[항]이라고 발음합니다.

<교통>

ㄱ

갈아타기
[노리카에]
乗り換え

급행
[큐-코-]
急行

기본요금
[키홍료-킹]
基本料金

ㄷ

닫히다
[시마루]
しまる

도착 시간
[토-챠쿠 지캉]
到着時間

ㅁ

(전철)막차
[슈-뎅]
終電

맞은편
[무카이가와]
向かい側

매표소
[킷푸우리바]
きっぷうりば

문
[도아]
ドア

미터기
[메-타-]
メーター

ㅂ

반대쪽
[한타이가와]
反対側

방면
[호-멘]
方面

버스 정류장
[바스테-]
バス停

ㅅ

승차권
[죠-샤켕]
乗車券

ㅇ

역
[에키]
駅

왕복 할인
[오-후쿠 와리비키]
往復割引

ㅈ

자유석
[지유-세키]
自由席

종점
[슈-텡]
終点

지정석
[시테-세키]
指定席

ㅊ

출발 시간
[슛파츠 지캉]
出発時間

ㅌ

택시 승강장
[타쿠시- 노리바]
タクシー乗り場

ㅎ

할증
[와리마시]
割り増し

횡단보도
[오-단호도-]
横断歩道

<숙소>

ㄴ

난방
[단보-]
暖房

냉방
[레-보-]
冷房

냉장고
[레-조-코]
冷蔵庫

넷카페(일본의 PC방)
[넷토카훼]
ネットカフェ

ㄷ

다다미방
[와시츠]
和室

대욕장(공용 목욕탕)
[다이요쿠죠-]
大浴場

ㄹ

룸서비스
[루-무사-비스]
ルームサービス

리모컨
[리모콩]
リモコン

ㅁ

만실
[만시츠]
満室

면도기
[카미소리]
カミソリ

ㅂ

바퀴벌레
[고키부리]
ゴキブリ

ㅅ

수건
[타오루]
タオル

ㅇ

에어컨
[에아콩]
エアコン

열쇠
[카기]
鍵

이불
[후통]
布団

온수
[오유]
お湯
* 욕실의 온수뿐만 아니라, 마시는
  따뜻한 물을 의미하기도 합니다.

ㅈ

짐
[니모츠]
荷物

조식
[쵸-소쿠]
朝食

ㅊ

청소
[소-지]
掃除

ㅋ

캡슐 호텔
[카푸세루호테루]
カプセルホテル

ㅌ

통화 요금
[츠-와 료-킹]
通話料金

ㅎ

헤어드라이기
[헤아 도라이야-]
ヘアドライヤー

휴지
[토이렛토 페-파-]
トイレットペーパー

<길거리>

ㄱ

간판
[칸방]
看板

고장
[코쇼-]
故障

공원
[코-엔]
公園

근처에
[치카쿠니]
近くに

ㄷ

당기세요
[히쿠]
引く

ㅁ

머리 조심
[즈죠- 츄-이]
頭上注意

멈추시오
[토마레]
止まれ

미세요
[오스]
押す

ㅂ

발밑 주의
[아시모토 츄-이]
足元注意

ㅇ

오른쪽
[미기]
右

왼쪽
[히다리]
左

일방통행
[잇포-츠-코-]
一方通行

입구
[이리구치]
入口

ㅈ

자동문
[지도-도아]
自動ドア

자전거
[지텐샤]
自転車

좌측통행
[히다리가와츠-코-]
左側通行

지도
[치즈]
地図

ㅊ

출구
[데구치]
出口

출입금지
[타치이리킹시]
立ち入り禁止

ㅋ

코인 로커
[코인 록카-]
コインロッカー

ㅎ

휴지통
[고미바코]
ゴミ箱

79

<식당>

ㄱ

계산
[오카이케-]
お会計

ㄴ

녹차
[료쿠챠]
緑茶

ㄷ

닭고기
[토리니쿠]
鶏肉

덮밥
[돈부리]
丼ぶり

돈까스
[톤카츠]
豚カツ

돼지고기
[부타니쿠]
豚肉

ㅁ

물수건
[오시보리]
おしぼり

ㅅ

생강
[쇼-가]
生姜

숟가락
[스푼]
スプーン

시원한 물
[오히야]
お冷

식권 자판기
[쇼켄키]
食券機

ㅇ

영수증
[레시-토]
レシート

예약
[요야쿠]
予約

일식
[와쇼쿠]
和食

ㅈ

젓가락
[하시]
箸

정식
[테-쇼쿠]
定食

주문
[츄-몽]
主文

ㅌ

티슈
[팃슈]
ティッシュ

* 일본에서 냅킨은 생리대를 의미하기
도 하므로, 가급적 티슈라고 하는 것
이 좋습니다.

튀김
[텐푸라]
てんぷら

ㅍ

포장, 테이크아웃
[모치카에리, 테이쿠아우토]
持ち帰り・テイクアウト

ㅎ

한국어 메뉴판
[캉코쿠고노 메뉴]
韓国語の メニュー

회전 초밥
[카이텐 즈시]
回転寿司

<이자카야>

ㄱ

금연
[킹엔]
禁煙

ㄷ

데워 먹는 술
[아츠캉]
熱酒

ㅁ

매실주
[우메슈]
梅酒

맥주
[비-루]
ビール

모둠
[모리아와세]
盛り合わせ

물 섞은 것
[미즈와리]
水割り

ㅅ

사와
[사와-]
サワー
* 술에 레몬 등을 넣어 신맛을 낸 칵테일

서서 마시는 술집
[타치노미]
立ち飲み

소다 섞은 것
[소-다와리]
ソーダ割り

소주
[쇼-츄-]
焼酎

술
[오사케]
お酒

ㅇ

안주
[오츠마미]
おつまみ

오토시
[오토-시]
お通し
* 자릿세 개념의 유료 안주

음료 무제한
[노미 호-다이]
飲み放題

일본 술
[니혼슈]
日本酒

ㅈ

자릿세
[챠-지]
チャージ

ㅊ

츄하이
[츄-하이]
チューハイ
* 소주+소다

ㅋ

카운터석
[카운타-세키]
カウンター席

ㅌ

테이블석
[테-부루세키]
テーブル席

ㅎ

하이볼
[하이보-루]
ハイボール
* 위스키+탄산수

흡연
[키츠엔]
喫煙

<쇼핑>

ㄱ

가격
[네당]
値段

거스름돈
[오츠리]
お釣り

교환
[코-캉]
交換

ㄴ

남성용
[단세-요-]
男性用

ㅁ

면세
[멘제-]
免税

ㅂ

반품
[헴삥]
返品

백화점
[데파-토]
デパート

비싸다
[타카이]
高い

봉투
[후쿠로]
袋
* 비닐봉투 [레지 부쿠로] レジ袋
종이 쇼핑백 [카미 부쿠로] 紙袋

ㅅ

새 상품
[신삥]
新品

세금 별도
[제-베츠]
税別

세금 포함
[제-코미]
税込

시착(옷이 맞는지 입어 봄)
[시챠쿠]
試着

신용 카드
[쿠레짓토]
クレジット

싸다
[야스이]
安い

ㅇ

여성용
[죠세-요-]
女性用

영업시간
[에-교-지캉]
営業時間

ㅈ

작다
[치-사이]
小さい

ㅋ

크다
[오-키-]
大きい

ㅌ

탈의실
[시챠쿠시츠]
試着室

ㅍ

(선물)포장
[랏핑구]
ラッピング

ㅎ

할인, 세일
[와리비키, 세-루]
割引・セール

현금
[겡킹]
現金

<관광지>

ㄱ

개장 시간
[카이죠- 지캉]
開場時間

공연
[코-엥]
公演

ㄴ

노천탕
[로텐부로]
露天風呂

놀이 기구
[아토라쿠숀]
アトラクション

ㄷ

대여료
[렌타루다이]
レンタル代

ㅁ

매진
[우리키레]
売り切れ

매표소
[치켓토 카운타-]
チケットカウンター

미술관
[비쥬츠캉]
美術館

ㅂ

박물관
[하쿠부츠캉]
博物館

반입 금지
[모치코미 킹시]
持ち込み禁止

불꽃놀이
[하나비]
花火

ㅅ

사진 촬영 금지
[샤신 사츠에- 킹시]
写真撮影禁止

수영복
[미즈기]
水着

신사
[진쟈]
神社

ㅇ

어른
[오토나]
大人

어린이
[코도모]
子供

유원지(놀이공원)
[유-엔치]
遊園地

입장권
[뉴-죠-켄]
入場券

입장료
[뉴-죠-료-]
入場料

ㅈ

재입장
[사이뉴-죠-]
再入場

ㅊ

축제
[마츠리]
祭り

ㅍ

팸플릿
[팡후렛토]
パンフレット

ㅎ

휴일
[큐-지츠]
休日

<위급>

ㄱ

경찰
[케-사츠]
警察

구급차
[큐-큐-샤]
救急車

긴급 여권
[킹큐- 파스포-토]
緊急パスポート

ㄷ

도둑맞다
[누스마레루]
盗まれる

도와주세요
[테츠닷테 쿠다사이]
手伝って ください

ㅂ

번역기 앱
[혼야쿠 아푸리]
翻訳アプリ

병원
[뵤-잉]
病院

비상구
[히죠-구치]
非常口

분실물 센터
[오와스레모노 센타-]
お忘れ物センター

분실 신고 증명서
[훈시츠 토도케 쇼-메-쇼]
紛失届証明書

불이야!
[카지데스]
火事です

ㅅ

소매치기
[스리]
スリ

ㅇ

약
[쿠스리]
薬

약국
[약쿄쿠]
薬局

여권
[파스포-토]
パスポート

위험
[키켄]
危険

ㅈ

증상
[쇼-죠-]
症状
* 감기 기운 [카제 기미] 風邪気味
  속이 더부룩함 [이모타레] 胃靠れ
  두통 [즈츠-] 頭痛

지갑
[사이후]
財布

ㅌ

통역
[츠-야쿠]
通訳

ㅍ

파출소
[코-방]
交番

ㅎ

핸드폰 충전
[케-타이 쥬덴]
携帯充電

숫자

110番
[햐쿠토-방]
* 경찰 긴급 번호는 110번입니다.

119番
[햐쿠쥬-큐-방]
* 구급차나 소방차는 119번입니다.

무조건 쓸 수 있는 **장소별 표현**

식당에서

한국어 메뉴판 있나요?
[캉코쿠고노 메뉴-와 아리마스까]
**韓国語の メニューは
あります か。**

앞접시 주실 수 있나요?
[토리자라 쿠다사이마셍까]
取り皿 くださいませんか。

카드 되나요?
[카-도 츠카에마스까]
カード 使えますか。

계산 부탁드립니다.
[오카이케- 오네가이시마스]
お会計 お願いします。

숙소에서

짐을 맡기고 싶은데요.
[니모츠오 아즈케타인데스가]
荷物を 預けたいんですが。

* 체크인 전이나 후에 짐을 맡기고 싶을 때 사용하세요.

수건을 더 받을 수 있나요?
타오루오 못토 모라에마스까
タオルを もっと もらえますか。

쇼핑할 때

입어봐도 되나요?
[시차쿠 데키마스까]
試着 できますか。

얼마예요?
[이쿠라데스까]
いくらですか。

길에서

실례합니다 / 죄송합니다 / 저기요.
[스미마셍]
すみません。

사진 찍어 주실 수 있나요?
[샤신 톳테 모랏테모 이-데스까]
**写真 撮って もらっても
いいですか。**

해외여행 경험이 부족해도,
일본어에 자신 없어도!
이 책 한 권이면
자신 있게 떠난다!

STEP 1
출국 2주 전

**여행 일본어가
궁금하다!**

미리 보는 책을 펼친다.
2주만 준비해도 패턴과
실제 상황을 학습하고
더 완벽한 여행을 할 수
있다!

STEP 2
출국 1일 전

**내게 꼭 필요한
일본어만 골라보자!**

가서 보는 책을 펼친다.
전체적으로 훑어보며 자
주 쓸 표현을 표시해 두
거나 스마트폰으로 캡처
해서 여행 시 바로 찾을
수 있게 해둔다!

STEP 3
드디어 출국!

**<가서 보는 책>과
함께!**

가서 보는 책만 가방에
쏙! '한글발음표기'가 있
어서 어떤 상황에서도 당
황하지 않고 콕 집어 말
할 수 있다!

#여행일본어 #일본여행 #생존표현 #무따기한권이면
#해외여행준비끝 #여행일본어무작정따라하기